Edition der
Calwer Verlag-Stiftung

Hartmut Zweigle

„Herrschen mög' in unserm Kreise Liebe und Gerechtigkeit!"

Gustav Werner – Leben und Werk

Für Jakob, Samuel
und Mirjam

Hartmut Zweigle

„Herrschen mög' in unserm Kreise Liebe und Gerechtigkeit!"

Gustav Werner – Leben und Werk

Calwer

Gedruckt mit freundlicher Unterstützung
der Calwer Verlag-Stiftung

Bibliografische Information der Deutschen Bibliothek
Die Deutsche Bibliothek verzeichnet diese Publikation
in der Deutschen Nationalbibliografie; detaillierte Daten
sind im Internet über http://dnd.ddb.de abrufbar.

ISBN 978-3-7668-4088-2

Satz und Herstellung: ES Typo-Graphic Ellen Steglich, Stuttgart
Umschlaggestaltung: ES Typo-Graphic Ellen Steglich, Stuttgart
Umschlagmotiv: Gustav Werner, Gemälde von Robert Heck (1888)
Druck und Verarbeitung:
Westermann Druck Zwickau GmbH
E-Mail: info@calwer.com; Internet: www.calwer.com

Inhalt

Geleitwort

Gustav Werner hat es seiner Kirche nicht leicht gemacht – wie sie es ihm auch nicht – und stünde vermutlich auch heute mit ihr theologisch in Auseinandersetzungen. Dennoch hat er ihr ein Erbe hinterlassen, aus dem sie heute noch lebt und wirkt, das für die Kirche und ihre Diakonie zu einer der wichtigsten Leitlinien ihres Denkens und Arbeitens geworden ist. Aus Werners bescheidenen diakonischen Anfängen während seines Vikariats ist eines der größten diakonischen Werke im süddeutschen Raum geworden: die heutige „BruderhausDiakonie".

Sein über die eigene Zeit hinaus prägendes Interesse galt der Sozialdiakonie. Schon während seiner Studienzeit richteten sich für ihn die theologischen Grundfragen nicht auf die dogmatischen Grundlagen des Christentums, sondern auf die Frage, wie man den Menschen am besten dienen könne. Auf diese Frage hin legte er die Bibel aus, stets auf der Suche nach einem Weg, der geistlich und zugleich vernünftig war. Praktisches Christentum hat er vorgelebt und vorexerziert.

Nach seinem großen Vorbild Johann Friedrich Oberlin hat er in seinem Bemühen um eine gelingende Sozialdiakonie nach Wegen gesucht, durch die Menschen in Not so geholfen werden konnte, dass sie danach in der Lage waren, sich selbst zu helfen. Das war unerlässlich in den Zeiten der Industriellen Revolution, die wenige reich machte und viele Menschen verarmen ließ. Werner wollte dem sozialen Elend von den Wurzeln her entgegensteuern und nicht nur die Opfer versorgen. Deshalb gründete er im ganzen Land Rettungsanstalten, denen er landwirtschaftliche und handwerkliche Betriebe anschloss. Kinder, Arme und Behinderte sowie Werners Hausgenossen sollten nach ihren Fähigkeiten mitarbeiten und so ihr Leben selbstständig und eigenverantwortlich gestalten. Damit nahm Werner zu seiner Zeit Erkenntnisse der modernen Theologie und Psychologie vorweg, dass es zur Würde des Menschen gehört, sein eigenes Leben mitgestalten und seinen Lebensunterhalt mitverdienen zu können.

Die andere Seite seines Wirkens galt der Bildung für alle und der Pädagogik, die notwendig ist, wenn bei Menschen, denen der Weg zur Bildung bisher verwehrt gewesen war, der Hunger nach Bildung geweckt und befriedigt werden soll.

Bei allem Scheitern, bei allen Kämpfen um Neuanfänge, denen sich Werner immer wieder stellen musste, ist seine Überzeugung, dass der Thron Christi auch und gerade in einer Fabrik stehen könne, revolutionär gewesen und hat sich gegen den frommen Zeitgeist gerichtet, der argwöhnte, die Fabriken könnten eine verderbliche Bastion des Teufels sein. Werner hatte den festen Glauben, dass auch, ja gerade in den Fabriken die christlichen Grundsätze der „Liebe und Gerechtigkeit" zur Anwendung kommen könnten – in den Zeiten der Globalisierung und eines zum Teil menschenverachtenden Wettbewerbs eine bis heute provozierende Herausforderung.

Ich freue mich, dass mit dem Buch von Hartmut Zweigle nun ein Werk vorliegt, das die verschiedenen Aspekte im Leben und Wirken Gustav Werners gleichermaßen betont und sorgfältig herausmodelliert und das zugleich Werners Herkunft, Werdegang und Seelenleben, soweit es aus Quellen herausgelesen werden kann, sensibel aufnimmt und in den größeren Zusammenhang seines Wirkens stellt.

Den Leserinnen und Lesern wünsche ich viel Freude mit diesem Buch und an der Gestalt Gustav Werners, dessen Fühlen und Handeln man in einem Satz zusammenfassen kann: „Die Liebe ist des Gesetzes Erfüllung."

Landesbischof D. Frank Otfried July

Vorwort

Am 7. Mai 1851 wird in Reutlingen eine Papierfabrik eingeweiht. Die Rede bei der Eröffnungsfeier hält der damals 42-jährige Theologe Gustav Werner, der die Fabrik ein Jahr zuvor gekauft hat. Er trägt dabei auch ein selbstverfasstes Gedicht vor. In einer Strophe heißt es:

„Schaff' dem Armen seine Speise.
Und dem Nackenden sein Kleid!
Herrschen mög' in unserm Kreise
Liebe und Gerechtigkeit!"

„Herrschen mög' in unserm Kreise Liebe und Gerechtigkeit!" Damit klingt ein Lebensthema Gustav Werners an: Wenn eine Gemeinschaft von Menschen die von Jesus vorgelebte und gelehrte Liebe und Gerechtigkeit praktiziert, bricht das Reich Gottes hier auf Erden an. Seit seiner Zeit als Vikar in Walddorf zieht sich dieses Motiv durch Gustav Werners Denken und Handeln. Ohne diesen religiösen Hintergrund ist das diakonische Wirken Gustav Werners nicht zu verstehen. Tiefe Frömmigkeit und entschieden soziales Handeln verbinden sich in seiner Person und gehen bruchlos ineinander über. Deshalb ist es auch müßig zu fragen, ob Werner primär ein religiöses oder ein soziales Interesse verfolgt hat.

Als er fünf Jahre nach der Fabrikeinweihung der Handels- und Gewerbekammer Reutlingen Bericht erstatten muss, betont er erneut: „‚Liebe und Gerechtigkeit' soll (…) die Seele aller meiner Unternehmungen werden, die Liebe, welche den Armen hilft, und die

Gerechtigkeit, welche eine Gemeinschaft ordnet, dass jedes Glied derselben befriedigt wird."

Es ist beeindruckend, wie sensibel Werner die Armut seiner Zeit wahrnimmt. Auf seinen Vortragsreisen – das wird in diesem Buch zu sehen sein – kommt er unmittelbar mit verarmten Menschen in Berührung und lässt sich anrühren von deren Not. Kaum ein anderer Theologe des 19. Jahrhunderts hat so scharfsichtig wie er die Umwälzungen seiner Zeit erfasst und beschrieben. Er erkennt klar, dass die Armut mit dem Übergang von der Agrar- zur Industriegesellschaft zusammenhängt. Keinesfalls macht er dafür den Abfall vom Glauben oder gar den Verlust der Moral verantwortlich. Mit dieser Erkenntnis überragt er nahezu alle Väter der Diakonie im 19. Jahrhundert.

Wie sein großes Vorbild Oberlin und theologisch geprägt durch Emanuel Swedenborg entdeckt Werner die soziale Dimension des Evangeliums wieder. Im Kampf gegen die Armut gründet er zusammen mit seinen Hausgenossen 31 „Rettungsanstalten" im Königreich Württemberg. Darin nimmt er verwaiste und verhaltensauffällige Kinder sowie arme, alte, kranke und behinderte Menschen auf. In großer Hochachtung vor der Würde jedes einzelnen Menschen möchte er, dass ein jeder nach seinen Fähigkeiten mitarbeiten kann. Deshalb sind den Anstalten handwerkliche und landwirtschaftliche Betriebe angeschlossen.

Einzigartig in der Geschichte der Diakonie im 19. Jahrhundert ist, dass Werner selbst zum Unternehmer wird und „christliche Fabriken" gründet. Gerade hier im Bereich der Industrie sollen „Liebe und Gerechtigkeit" zur Anwendung kommen. Mit seinen „Musterbetrieben" will er zeigen, wie eine Wirtschaftsordnung aussehen kann, die nicht auf Eigennutz fußt. Im Verlauf des Buches wird zu erkennen sein, dass dieser Versuch letztendlich gescheitert ist. Was Werner für die berufliche Bildung und die Integration von Menschen mit Behinderungen geleistet hat, ist zwar bis heute vorbildlich. Doch bedachte er dabei zu wenig die wirtschaftliche Seite eines Unternehmens. Ebenso hat er strukturelle Fragen völlig vernachlässigt. So macht sich Werner zum Beispiel kaum Gedanken, was „Liebe und Gerechtigkeit“ konkret bedeuten, etwa im Hinblick auf menschenwürdige Arbeitsplätze, Gewinnbeteiligung der Arbeiter, Gestaltung der Arbeitszeiten, Mitbestimmungsrechte usw. Er ist der Meinung: „Ist einmal dieser Grundsatz [der göttlichen Gerechtigkeit] zur Herrschaft gebracht und rein durchgeführt, so wird sich alles in unsern Unternehmungen demselben entsprechend gestalten.“

Ich bin überzeugt, dass Werner bis heute – bei allen Misserfolgen und Fehlern seines Konzeptes einer „christlichen Fabrik“ – die richtigen Fragen auch an unsere gegenwärtige Arbeitswelt stellt, nämlich wie Business und Bibel, Rentabilität und Liebe aufeinander bezogen werden können. Christinnen und Christen unserer Zeit tun gut daran, sich von Werner immer wieder erinnern zu lassen, dass die Eigengesetzlichkeit des Marktes nicht das letzte Wort haben darf, und „Liebe und Gerechtigkeit“ auch in der harten Realität der Betriebe einen Niederschlag finden müssen.

So sehr sich die Herrschaft von Liebe und Gerechtigkeit als zentrales Thema durch Werners ganzes Leben hindurchzieht, so falsch wäre es doch, seine Biographie ausschließlich auf diesen einzigen Nenner zu bringen. Werner war auch ein hervorragender Prediger, ein beachtenswerter Pädagoge, der geistige Leiter einer klösterlichen Gemeinschaft, ein schwäbischer Querdenker, ein Praktiker der Bildung, ein vermeintlicher Außenseiter und Kritiker seiner Kirche und vieles andere mehr. Leben und Werk Werners lassen sich nicht einfach unter eine Überschrift stellen, deshalb sollen im Buch unterschiedliche Facetten seiner Persönlichkeit sichtbar werden.

Mich selbst fasziniert Werners Persönlichkeit und mich beeindruckt sein Werk. Ich war nicht wenig überrascht, als ich in Werners Personalakte im Landeskirchlichen Archiv entdeckte, dass mein Ururgroßvater einer seiner Anhänger war. – Psychologen mögen beurteilen, was es bedeutet, wenn ein Nachfahre sich wieder mit derselben Person intensiv auseinandersetzt. – So sehr mich Gustav Werner begeistert und obwohl ich quasi „genetisch vorbelastet“ bin, suche ich doch zu vermeiden, die Biographie eines Heiligen zu zeichnen. Auch die Brüche, seine Schwächen und sein Scheitern sollen in diesem Buch zur Sprache kommen. Das tut Werners Bedeutung keinen Abbruch und macht ihn nicht weniger zu einer der großen Gestalten des Protestantismus im 19. Jahrhundert. Ohnehin gilt auch für Werners Leben der Satz von Conrad Ferdinand Meyer: „Ich bin kein ausgeklügelt Buch, ich bin ein Mensch mit seinem Widerspruch."

Die Biographie ist im Wesentlichen chronologisch aufgebaut, mit zwei Ausnahmen: zum einen die Beschreibung des Konflikts mit der Landeskirche, der zum Ausschluss Werners aus dem Pfarrdienst führte (Kapitel VI), zum anderen die Schilderung des Lebens und Wirkens der beiden Automobilpioniere Wilhelm Maybach und Gottlieb Daimler während ihrer Zeit im Bruderhaus (Kapitel VII).

Bei Zitaten wurde der Wortlaut beibehalten. Um der besseren Lesbarkeit willen wurden behutsam Angleichungen an die heutige Rechtschreibung vorgenommen.

Da die Originalquellen zum Teil schwer zugänglich sind, wird nach dem hervorragend edierten Quellenband von Gerhard K. Schäfer (Hg.) zitiert: „Dem Reich Gottes Bahn brechen. Gustav Werner (1809–1887), Briefe – Predigten – Schriften in Auswahl", Stuttgart 1999. Nach den Zitaten aus diesem Band, wird im Text die Seitenzahl (in Klammern) angegeben.

Zum Schluss möchte ich noch einigen Personen danken, die mich bei der Entstehung des Buches in besonderem Maße unterstützt haben: Frau Anna Pytlik vom Archiv der BruderhausDiakonie, die mir bei der Suche nach Literatur und Quellenmaterial vielfältig behilflich war, Dr. Gerhard Betsch, Urgroßneffe von Gustav Werner, der mir in manchen Detailfragen und den Transkriptionen zur Seite stand, und schließlich Frau Andrea Scholz-Rieker, der Lektorin des Calwer-Verlags, die das Entstehen des Buches mit Geduld und Engagement begleitet hat.

Für die Unterstützung beim Korrekturlesen danke ich Renate Lück, Eleonore Reck, Dr. Birgit Zweigle und Paul Schobel.

Hartmut Zweigle

„Zu viel Gefühl, ohne die dazugehörige Energie" – Kindheit und Jugend (1809–1832)

In einem ehemaligen Kloster wurde Gustav Werner geboren. Fast könnte es scheinen, als zeige sich am außergewöhnlichen Geburtshaus schon etwas vom Kommenden. Denn gut dreißig Jahre später wird er eine Art klösterliche Gemeinschaft um sich scharen.

Am 12. März 1809 kam Gustav Albert Werner in der vormaligen Benediktinerabtei Zwiefalten auf der Schwäbischen Alb zur Welt. Die Abtei war im Jahre 1803 säkularisiert worden, das heißt, sie ging von der Kirche an den weltlichen Landesherrn von Württemberg über. Die Ordensleute mussten das Kloster verlassen, das Konventsgebäude wurde zur Wohnung für Beamte des Königreichs Württemberg umgewidmet. Einer dieser dort tätigen Beamten war Johannes Werner (1782–1849), der Vater Gustav Werners. Er arbeitete als Forstkassier und wohnte mit seiner Familie im Forstbau des ehemaligen Klosters.

Johannes Werner war ein Aufsteiger. Unter seinen Vorfahren hatte es keinen Akademiker gegeben. Der Sohn eines Schuhmachers, Bauers und Schullehrers aus Münsingen auf der „Rauen Alb" hatte eigentlich Pfarrer werden wollen. Aber sein Vater, Gustav Werners Großvater, besaß nicht genügend finanzielle Mittel, um ihm das Theologiestudium zu ermöglichen. So ließ er den begabten Jungen auf der Schreibstube im Rathaus in Münsingen zum Schreibgehilfen ausbilden. Dies war der Ausgangspunkt einer glänzenden Karriere. Johannes Werner arbeitete sich bis zum Finanzkammerdirektor des Schwarzwaldkreises mit Sitz in Reutlingen empor. Damit hatte er es nicht nur zu einem der höchsten Beamten des Königreiches gebracht, sondern durfte sich fortan Johannes von Werner nennen. Ein Personenadel, der freilich nicht vererbt wurde. Ihm gelang diese Karriere vor allem durch ein hohes Maß an Fleiß und Selbstdisziplin. „Er war", schreibt nach seinem Tod sein Sohn Gustav, „vor allem darauf bedacht, die ihm mangelnde wissenschaftliche Bildung zu erwerben, und brach sich viele Stunden am Schlaf ab, um nach Vollendung der täglichen Amtsgeschäfte dem Selbststudium sich widmen zu können."[1] Auch von Gustav Werner wird berichtet, er habe am Schlaf „gespart" und nie mehr als vier bis fünf Stunden geschlafen. Und auch bei ihm wird dieses unglaubliche Maß an Selbstdisziplin zu beobachten sein.

Johannes Werners Glaube war von der Aufklärung bestimmt. Der richtige Glaube zeigte sich für ihn darin, dass die dogmatischen Lehren der Kirche und die Texte der Bibel mit den Mitteln des Verstandes auf den Wahrheitsgehalt zu überprüfen sind. Zum Wesen der Religion gehörte für ihn auch, dass ein Mensch Gutes tun kann und auch tut. In einem Brief aus späterer Zeit schreibt er: „Wir sind frei in der Wahl des Guten und des Bösen. Der Böse kann Böses tun, soviel ihm Kraft und Gesetz es zulassen (...); der Gute aber, der Gottes Wege geht, ist so eigentlich in das Reich der Freiheit eingetreten und es ließe sich mit der Gottheit und ihren Eigenschaften nicht vereinigen, wenn ihn Gott auf seinem Pfade, wo er so oft fehlen und straucheln kann, nicht unterstützt."[2] Dort also, wo der Mensch Gutes tut, kann er sich auf die Unter-

---

[1] Merkh, Lotte: Vater Werner. Bilder aus seinem Leben. Zu seinem 100. Geburtstag, den 12. März 1909, unserer Jugend erzählt, Reutlingen 1909, 198.

[2] Zitiert bei: Krauß, Paul: Johannes von Werner. Finanzkammerdirektor in Reutlingen (1782–1849), in: Miller, Max u. a. (Hg.), Schwäbische Lebensbilder, 6. Bd., Stuttgart 1957, 202.

Johannes von Werner (1782–1849)

stützung Gottes verlassen. Das waren bei Johannes von Werner nicht nur Gedankenspiele. Zeit seines Lebens setzte er sich für Notleidende unterschiedlichster Art ein. Besondere Verdienste erwarb er sich um die württembergischen Auswanderer nach Nordamerika. Es ist in erster Linie seinem Wirken zu verdanken, dass die württembergische Regierung in Amerika Konsulate einrichtete und einen Agenten beauftragte, die Auswanderer zu beraten.

Die Einsicht, dass Christsein immer beinhaltet für Mitmenschen, besonders für diejenigen, die Not leiden, etwas zu tun, das ist Gustav Werner von seinem Vater sozusagen mit in die Wiege gelegt worden. Wir werden später noch sehen, dass der Sohn in seiner diakonischen Arbeit auf die Unterstützung seines Vaters zählen konnte. Man wird vielleicht sogar sagen können, dass er ohne seinen einflussreichen und angesehenen Vater sein diakonisches Werk nicht hätte aufbauen können.

Im Jahr 1808 heiratete Johannes Werner in Zwiefalten Friedericke Christiane Fischer (1787–1869), die Schwester eines früheren Vorgesetzten. Gustav war ihr erstes von insgesamt sieben Kindern. Über die Mutter ist überraschend wenig bekannt. Auch Gustav Werner äußert sich kaum über sie, während es zahlreiche Äußerungen über seinen Vater gibt. Sehr allgemein klingt es, wenn er in einem Brief im Jahr 1869 unmittelbar nach ihrem Tod schreibt:

> Unterdessen ist meine gute Mutter heimgegangen; in einem treuen Mutterherzen ist die reinste Ausstrahlung der göttlichen Liebe auf dem natürlichen Gebiet zu finden. (483)

Nach den vorhandenen Quellen muss offen bleiben, welche Rolle für Werners Entwicklung die Mutter gespielt hat.

Gustav Werner wurde in Zwiefalten von einem katholischen Kaplan getauft, wohl weil im tief katholischen Ort kein evangelischer Pfarrer zur Stelle war. 1810, der kleine Gustav war noch keine zwei Jahre alt, zog die Familie von Zwiefalten nach Biberach um. Der Vater war dort auf eine neue Dienststelle versetzt worden.

Einen noch größeren Einschnitt als dieser Umzug bedeutete es für Gustav, als er 1815 zusammen mit seiner Schwester Mathilde nach Münsingen zu seinen Großeltern gegeben wurde. Der Grund war vermutlich, dass der recht geringe Verdienst seines Vaters nicht ausreichte, die auf vier Kinder angewachsene Familie zu ernähren. Im zweiten Jahrzehnt des 19. Jahrhunderts hatte es durch Missernten außerordentliche Teuerungsraten bei Lebensmitteln gegeben. Das traf Johannes Werner und seine Familie auch deshalb so stark, weil er neben seiner Tätigkeit als Forstkassier keine eigene Landwirtschaft betreiben konnte.

Zwiefalten – der Geburtsort von Gustav Werner

Anders der Großvater Gustav Werners: Er war Schullehrer, Schuhmacher und eben Bauer in einer Person. Dass ein Schullehrer in der Elementarschule damals zusätzliche Tätigkeiten ausübte, war üblich. Das Gehalt eines Lehrers reichte nämlich zum Leben nicht aus. Vormittags unterrichtete der Großvater seinen Enkel in der Schule, nachmittags musste Gustav in der Landwirtschaft des Großvaters und in der Strickstube der Großmutter mitarbeiten, wo in Heimindustrie Produkte zum Verkauf hergestellt wurden. Im Haus der Großeltern ging es eher kärglich zu. „Nach gut schwäbischer Sitte kam jeden Morgen eine Habersuppe, mittags das einemal Sauerkraut und Spätzle, das anderemal Spätzle und Sauerkraut das ganze Jahr hindurch, abends Suppe und Milch.“[3] Trotz dieser kargen Lebensweise hat er sich offensichtlich in dieser Zeit sehr wohl gefühlt. Das kann man auch

3 Wurster, Paul: Gustav Werners Leben und Wirken. Nach meist ungedruckten Quellen, Reutlingen 1888, 7.

daraus schließen, dass er später mit den Pflegekindern seiner Anstalt in Reutlingen regelmäßig Ausflüge zur „Wiege seiner Kindheit“ nach Münsingen gemacht hat.

1817 starb überraschend der Großvater, sehr zum Schmerz seines Enkels Gustav. Die Eltern holten ihre Kinder wieder nach Biberach zurück. Dort wurde der Achtjährige auf die Lateinschule gegeben, aber nicht lange. Denn:

> Das katholische Gymnasium, das ich in Biberach besuchen mußte, erwies sich nicht besonders förderlich für mich; zudem war ich nicht besonders begabt und zeigte nicht genug Selbsttrieb zum Lernen. Mein Vater mußte öfters auf Reisen sein, um sich den nötigen Unterhalt zu verdienen, und so konnte er mir die erforderliche Aufsicht nicht gewähren; daher entschloß er sich, mich meinem Oheim, Oberhelfer Fischer in Göppingen, im Jahr 1819 in Kost und Erziehung zu geben; dort war die Schule weit besser.[4]

Ein weiterer Grund, weshalb der Zehnjährige zu der Familie seines Onkels gegeben wurde, war, dass der Vater nach Ellwangen als Cameralverwalter (= Vorstand des Finanzamtes) versetzt wurde.

Man fragt sich aus heutiger Sicht unwillkürlich, wie es Gustav Werner wohl ergangen sein mag, als er nun schon zum zweiten Mal als Kind die Familie verlassen musste. Hat er sich „abgeschoben“ gefühlt? Man meint beim alten Werner, der rückblickend seine Kindheitserfahrungen eher beschönigt, zwischen den Zeilen herauszuhören, dass er unter der Trennung von seinen Eltern gelitten hat. „Ich durfte auch in diesem Haus meines Oheims viel Liebe und Sorgfalt genießen, doch das Elternhaus wurde mir dadurch nicht ersetzt; aber die Liebe zwischen mir

---

4 Friedensblätter 1886/87, 4. Heft, 18 f.

und meinen Eltern wurde durch die Entfernung nicht geschwächt, eher noch inniger."[5]

Die Erziehung im Haus des Onkels war – zumindest aus heutiger Zeit – rigide, was folgende Episode illustriert:

> Der Oheim hatte in einem Garten neben dem Haus den Heu- und Öhmdertrag gepachtet, nicht aber das Obst auf den Bäumen; mit Bezug auf dieses galt also den zwei Lateinern, welche den Garten besuchen durften, das strenge Gebot, ‚esset nichts davon, rühret auch nichts an,' ganz wie 2. Mose im 2. Kapitel. Nun war der kleine Gustav einmal allein im Garten; ein schöner Apfel lag im Grase und schaute ihn mit seinen roten Backen wunderlieblich an; der Knabe kann der Versuchung nicht widerstehen, er streckt die Hand aus, der Apfel ist sein. Aber im gleichen Augenblick saust ihm schon eine Ohrfeige an den Kopf – der Oheim stand hinter ihm.[6]

Offensichtlich wollte der Vater, dass sein Sohn den Beruf ergriff, den er selbst aus finanziellen Gründen nicht ergreifen konnte: den Beruf des Pfarrers. Dazu musste er im 19. Jahrhundert in Württemberg einen festen Ausbildungsweg durchlaufen: Nach der örtlichen Lateinschule galt es das Landexamen abzulegen, das einmal im Jahr in Stuttgart für 12- bis 14-jährige Knaben abgehalten wurde. Hatte man das Landexamen bestanden, folgte der Besuch einer der Klosterschulen, die auch „niedere Seminare" genannt wurden. Zugelassen wurden nur Kinder des Königreiches Württemberg, die sich verpflichten mussten, später in den Schul- oder Pfarrdienst zu treten. Taten sie das nicht, hatten sie die Ausbildungsgelder zurückzuzahlen. Der Klassenverband in den Klos-

---

5 A. a. O., 19.

6 Wurster, a. a. O., 9. Werner hat später ausdrücklich dafür plädiert, Kinder ohne Schläge zu erziehen, möglicherweise auch als Folge solcher Erfahrungen.

terschulen, die so genannte Promotion, kam später dann ins Tübinger Stift und an die Universität des Landes. Gustav Werner durchlief all diese Stufen der Ausbildung der württembergischen Theologen.

1823 legte er erfolgreich das Landexamen ab und besuchte bis August 1827 die Klosterschule in Maulbronn, wo damals ein liberaler Geist herrschte. Wissenschaftlich stach Werner in Maulbronn nicht hervor, seine Begabungen wurden von seinen Lehrern fast durchgehend als mittelmäßig beurteilt. „Sittlich, religiös zu viel Gefühl, ohne die dazugehörige Energie", lautete auch das Urteil, das seine Maulbronner Lehrer später an das Evangelische Stift weitergaben. Dass Werner die „dazugehörige Energie" fehlte, das kann man sich bei dem später vor Energie strotzenden Mann kaum vorstellen. Dass aber seine jugendliche Religiosität stark gefühlsbestimmt, um nicht zu sagen „gefühlig" war, das lässt sich aus den erhaltenen Briefen aus dieser Zeit ersehen. In einem Brief an seine Eltern vom 3. Juni 1824 schreibt er:

> Gott ist die Liebe. Das beweist mir alles, was ich nur auf dieser schönen Welt anblicke. Alles, alles zeugt von seiner großen und überschwenglichen Liebe. Jedes noch so kleine Tierchen freut sich seines Lebens und preist seinen Schöpfer. Die ganze Erde beweist uns die unendliche Liebe des Schöpfers; alles auf der Erde freut sich seines Schöpfers, und ich, der vorzüglichste Beweis, sollte mich nicht freuen, daß ich auf dieser schönen Erde wohnen darf, daß ich einen so guten Schöpfer und Heiland habe? Hat mich deswegen der liebende Vater auf die Erde gesetzt, daß ich mein Leben in dumpfem Hinbrüten zubringen soll? Nein, das ist nicht meine Absicht, du guter Vater. Ich soll mich freuen, aber mit Mäßigkeit. O, wie viele Freude hast du mir schon geschenkt! Ach, die Zeit würde mir zu kurz, alle die Wohltaten zu erzählen, die du mir schon erwiesen hast. Ich

> kann nur meinen Dank dir stammeln und ausrufen: Gott ist die Liebe! Ist es aber mein Verdienst, daß ich soviele unaussprechliche Wohltaten genieße, daß ich unter Christen geboren und erzogen wurde, daß ich so gute Eltern und Lehrer habe, welchen ich nächst Gott alles verdanke? Nein mein Verdienst ist es nicht; unverdienterweise genieße ich so große Wohltaten und kann meinem Schöpfer nichts dafür geben. Aber ein redliches frommes Herz kann ich ihm geben. So nimm es denn hin, bester Vater, nimm es ganz hin und bilde es nach deinem Sinn, daß ich hier ein recht tugendhaftes Leben führen und einst zu dir und meinen lieben Heiland kommen möge.(10f.)

Hinter diesem im romantischen Gefühlsüberschwang geschriebenen Brief des 15-jährigen Werner zeichnen sich schon drei theologische Grundgedanken ab, die sich durch sein Leben ziehen: dass Gott vor allem als *Liebe* zu bestimmen ist. Das ist für ihn ein nicht hinterfragbarer Grundsatz, den er schon lange für sich erkannt hatte, ehe er in Tübingen Bekanntschaft mit den Schriften von Emanuel Swedenborg machte. Sodann ist Gottes Liebe aus seinen *Wohltaten* zu erkennen, die sich an jedem Menschen, ja sogar an der ganzen Natur zeigen. Gottes Liebe, so wird er später bei Swedenborg lesen, strömt in die Schöpfung ein. Und schließlich: Als Folge der Liebe Gottes hat der Mensch ein *tugendhaftes Leben* zu führen. Diese drei Gedanken werden uns in unterschiedlicher Variation bei Werner immer wieder begegnen.

Während seiner Maulbronner Seminaristenzeit unternahm Werner mit seinem Vater eine Reise nach Prag. Johannes Werner folgte wohl einer Einladung des Grafen von Sternberg-Manderscheid, für den er einige Zeit tätig war. Von Werner sind uns von dieser Reise noch Tagebuchaufzeichnungen erhalten. Interessant an ihnen ist, wie Werner detailliert auf einen Besuch des Polytechnikums in Prag eingeht. Ausführlich beschreibt er neuere

Maschinen seiner Zeit wie mechanische Webstühle, Dampfmaschinen, eine Flachsspinnerei und die Eisenbahn. Über das Modell der Eisenbahn, die er hier zum ersten Mal in seinem Leben sah, schreibt er etwa:

> Zum erstenmal sah ich hier nun ein Modell von einer Eisenbahn und einen Wagen dazu. Ein halbes Pfund zieht 150 Pfund, also ein Pferd 1 500. Unbegreiflich ist's, welcher Vorteil für den Handel diese Erfindung ist. Sind die Eisenbahnen krumm, so sind niedrige Wagen, die aneinander gespannt werden, am zuträglichsten."(13)[7]

Und er ist regelrecht begeistert von der Technik:

> Ja, der Mensch muß sich selbst achten, sieht er die Produkte des menschlichen Geistes. Produkte, welche wahre Wunder sind, er muß sich aber auch dringend gefordert fühlen, seinen Geist, das größte Gut des gütigen Schöpfers, nicht in träge Ruhe einzuwiegen, sondern ihn in jene lebhafte Tätigkeit zu bringen suchen, wie es jene großen Menschen getan haben.(12f.)

Man ahnt bei diesen Worten schon, dass dieser Theologe später der Industrialisierung offen gegenüberstehen und in ihr nicht nur Gefahren, sondern auch Chancen sehen wird. Werner gehört schon als junger Mann zu den wenigen Theologen, die in der Maschinenwelt nicht die dämonische Gefahr und in der ach so „heilen" Agrarwelt das sieht, was es zu verteidigen gilt. Sogar in der Technik, und gerade in ihr, ist Gott für Werner am Werk. Was sich beim jungen Werner andeutet, wird ihn später von fast allen Diakonikern und christlichen Sozialreformern seiner Zeit abheben. Und es wird dahin führen, dass er dem Reich Gottes gerade in der Großindustrie Bahn brechen will.

[7] Nach dem Originalmanuskript (Archiv der BruderhausDiakonie) ergänzt, wo bei Schäfer eine Leerstelle ist.

Seine Mitschüler in Maulbronn haben Werner als eine etwas weiche, nahezu „weibliche Natur" beschrieben. Dieser „weiche" Wesenszug hat ihm wohl den Zugang zu Kindern leicht gemacht. Gleichzeitig galt er als eine Person, um dessen Freundschaft sich viele bemühten. Offensichtlich hat Werner schon früh eine große Anziehungskraft auf andere Menschen ausgeübt. So schrieb ein Mitseminarist 1887 rückblickend: „Es war etwas Geheimnisvolles in der Art, wie es da manche unter denselben, die dafür empfänglich waren, an sich fesselte. Seine Freundschaft wurde von einzelnen so sehr begehrt, daß sie miteinander förmlich wetteiferten in dem Vorrecht, seines vertrauten Umgangs und Gesprächs (während der Freizeit, auf Spaziergängen usw.) ausschließlich genießen zu dürfen. Mag man dabei immerhin die Neigung der Jugend zum Sentimentalen und Schwärmerischen mit in Betracht ziehen, so lag wohl der Hauptgrund dieser Anziehungskraft in seiner eigenen gemütvollen Persönlichkeit."[8]

Werner selbst litt darunter, dass er trotz aller Mühen nicht über die Mittelmäßigkeit in der Klosterschule hinauskam. In einem Brief an seinen Vater vom Mai 1827, kurz bevor er von Maulbronn nach Tübingen zum Studium wechselte, klagte er:

> Ich möchte nichts Gemeines, Alltägliches leisten, und doch sehe ich bei meinen beschränkten Anlagen für das Studium nichts Erhebliches voraus. Wenn man bei aller Anstrengung oft keine Stunde Achtung geben kann, wenn alles mit so vieler Mühe erworben werden muß, kurz, wenn Lust und Liebe zu seinem Studium fehlt, da muß man entweder seine Gefühle übertäuben oder Riesenstärke haben, um nicht an sich zu verzweifeln. Ersteres mag ich nicht, aber das letztere *will* ich. Oft wankt mein Entschluß, doch kann ich nie meiner Pflicht un-

---

8 Zitiert bei Bartel, Karlheinz: Gustav Werner. Eine Biographie, Stuttgart 1990, 37.

getreu werden, und was ich nun nicht aus Lust thue, dazu treibt mich die Pflicht. So ist es freilich schwerer, ich weiß nicht, ob ich es hinausbringe. Pahl hat mich schon oft befestigt, er sagt, daß ein moralischer Mensch, wenn auch von mittelmäßiger Gabe, viel wirken kann, und zuletzt ist es doch nur die Eitelkeit, die mich sticht. Aber wer wollte auch vergebens Zeit und Arbeit verwenden? Ich wollte Dir dies nicht schreiben, da ich Dir nur Freude machen möchte, und dies mich oft bitterlich peinigt, daß ich Euch nicht auch durch ausgezeichnetes Wissen meine Dankbarkeit beweisen kann, allein es drang mich doch dazu, Du sollst ganz wissen, wie ich bin, damit Du Dich nicht täuschest, was bitterer ist als die unangenehme Wirklichkeit.[9]

Werner fürchtete also, dem Studium nicht recht gewachsen zu sein. Ob er seinen eigenen Weg, seine eigene Theologie, seine je eigene Begabung finden würde, musste sich erst erweisen.

---

[9] Zitiert bei Wurster, a. a. O., 16.

„Ich habe durch Swedenborg den Einheitspunkt gefunden“ – Studium in Tübingen (1827–1832)

Wie alle württembergischen Theologiestudenten seiner Zeit kam Werner in das Evangelische Stift nach Tübingen. Das Stift war 1536 von Herzog Ulrich gegründet worden als Ausbildungsstätte für künftige Pfarrer und höhere Landesbeamte.

Die Arbeits- und Schlafzimmer, die so genannten Stuben im Stift, waren für sechs bis zehn Personen vorgesehen. Gustav Werner wurde einer pietistischen Stube zugewiesen. Man hielt ihn offensichtlich für einen Pietisten. Zu Unrecht, denn zu den pietistischen Kreisen im Stift fand er keinen Zugang. Der Pietismus seiner Zeit war ihm zu gesetzlich und zu „sauertöpfisch“. Der Student Werner selbst war alles andere als ein Asket. Am Reiten und Tanzen hatte er seine Freude und mochte es gern, mit Freunden einen unterhaltsamen Abend zu gestalten. „Nur so im Hehling“, schrieb er an seine Eltern, „ich meine, daß die Freuden des Kasinos auch neben denen der Weisheit noch Platz finden könnten.“[10] Und von der Feier seines 19. Geburtstages berichtete er: „Auch die Freunde vergaßen mich nicht. Helfferich veranstaltete eine einfache und zarte Feier meines Geburtstages. In dem stillen, heimlichen Ammertale in einem Gartenhause saß ein traulicher Kreis von Freunden, ein Rosenstock mit blühenden Rosen war mein Geburtstagsgeschenk, und Eilfer Wein erheiterte die Gemüter.“(17)

[10] Wurster, a. a. O., 22. „Im Hehling“ ist schwäbisch und bedeutet „im Geheimen“.

Das Theologiestudium dauerte damals fünf Jahre. Bevor das eigentliche Theologiestudium aber beginnen konnte, musste ein zweijähriges Grundstudium absolviert werden. Werner war mit dem Studium unzufrieden, klagte frustriert: Überhaupt „weiß ich hier keinen Mann, dessen Lehrvorträgen man unbedingt beipflichten könnte, und jeder ist somit an sich selbst gewiesen, an die Kraft seines Glaubens und seiner Vernunft, durch welche beide er das Wahre finden möge“[11]. Und geradezu arrogant bemerkte er in einem Aufsatz, den er als Stiftler zu schreiben hatte: Wenn man die Wahrheit doch in der Bibel habe, wozu müsse man sie dann noch in der Weltweisheit auf dem beschwerlichem Wege der Philosophie suchen?

Seine Zeugnisse, die er nach dem jeweiligen Semester erhielt und die heute im Archiv des Evangelischen Stiftes lagern, waren alles andere als brillant. So steht etwa am Ende des Wintersemesters 1827/28: „Gaben: mittelmäßige Fassungs-, sehr mittelmäßige Urteilskraft, minder gutes Gedächtnis; Fleiß: sehr anhaltend. Im Locus antwortet er ziemlich mittelmäßig; Sitten: gut (...); Lateinisch: mittelmäßig; Griechisch: sehr mittelmäßig; Hebräisch: mittelmäßig; Philosophie: ziemlich mittelmäßig, Mathematik: mittelmäßig; Geschichte: mittelmäßig.“[12] Abgesehen also von den Noten für Fleiß und Verhalten wurde Werner als nur mittelmäßig und schlechter benotet. Über einen lateinisch verfassten Aufsatz, den Werner im Sommersemester 1828 als Stiftler schrieb, urteilt der Korrektor unter anderem: „Das Latein ist sehr mittelmäßig und germanisiert stark. Die Darstellung hat bisweilen etwas Naives, ist aber meist flach und unbedeutend.“[13] Auch wenn man bei diesem Urteil in Betracht ziehen muss, dass es damals im Stift offensichtlich zum guten Ton gehörte, die Studen-

[11] Wurster, a. a. O., 23.
[12] K VIII, 309 (Prom. Dörner, 6. Mappe, WS 1827/28).
[13] Kasten I, Schuber 33, F 16,2.

ten „herunterzumachen“[14], so zeigt sich doch, dass Werner im Studium nie über ein gewisses Mittelmaß hinausgekommen ist. Von seiner ersten Predigt, die er in einem späteren Stadium seines Studiums vorgetragen hatte, hieß es, sie sei „langweilig ausgeführt und nachdruckslos vorgetragen (…)“[15]. Lagen seine relativ schlechten Zeugnisse wirklich nur, wie häufig behauptet, an den ungenügenden Begabungen Werners? Dagegen spricht, dass Werner, wie später deutlich hervortritt, ein hochintelligenter Mann und mit einer enormen Redegabe ausgestattet war. Es ist wohl eher so, dass Werner keinen inneren Zugang zur herkömmlichen Frömmigkeit und der damaligen Theologie fand, wie er selbst schrieb: „Der damalige Pietismus in Württemberg befriedigte mein inneres Sehnen nicht, auch die theologische Wissenschaft nicht, wie sie damals an der Universität gelehrt wurde (…).“(518)

Besonders glücklich schien Werner im Stift jedenfalls nicht gewesen zu sein. Nur drei Semester hielt er es dort aus. Dann zog er als „Stadtstudent“ in eine Wohnung in die Tübinger Neckarhalde. Dort versammelte sich um den Bibliothekar Johann Friedrich Tafel (1796–1863) und den Justizprokurator (= Rechtsanwalt) Ludwig Wilhelm Hofaker (1780–1846) ein Kreis, der sich mit den Schriften eines schwedischen Naturforschers und Sehers beschäftigte, in denen Werner bald die Antworten auf seine existenziellen Fragen fand. Sein Name: Emmanuel Swedenborg.

Emanuel Swedenborg wurde 1688 als Sohn eines späteren schwedischen lutherischen Bischofs in Stockholm geboren. Er war ein herausragender Naturwissenschaftler und Erfinder, ein Gelehrter, dessen Ruf ihm in ganz Europa vorauseilte. Bereits 1716 kam er

[14] Das zeigt der vergleichende Blick in den Stiftsakten auf Kommilitonen von Werner.
[15] Wurster, a. a. O., 34.

Emanuel Swedenborg (1688–1772)

in eine leitende Stellung in der obersten Bergbaubehörde Schwedens. Er schrieb Bücher über Anatomie, Metallurgie, Psychologie und über das Tierreich und war der erste, der die „Nebulartheorie“, eine Theorie zur Entstehung des Sonnensystems, aufstellte. Gelehrte aus vielen Ländern legten ihm ihre wissenschaftlichen Probleme vor und baten ihn um Rat.

Dann geschah in den Jahren 1744/1745 etwas mit dem Universalgelehrten Swedenborg, was sein Leben von Grund auf veränderte. Swedenborg behauptete, dass er Christus in zwei Visionen von Auge zu Auge geschaut und dieser ihn beauftragt habe, die geoffenbarte Wahrheit in vernünftiger Weise zu lehren. „Von diesem Tag an“, schrieb er „entsagte ich aller weltlichen Gelehrsamkeit und arbeitete nur noch in geistigen Dingen gemäß dem, was mir der Herr zu schreiben befahl. Täglich öffnete mir der Herr in der Folge die Augen meines Geistes, so daß ich imstande war, bei völligem Wachen zu sehen, was in der anderen Welt vorging, und ganz wach mit Engeln und Geistern zu reden."[16] Fortan gab Swedenborg seinen Beruf im Bergbau auf und zog sich in sein Haus in Stockholm zurück. Dort widmete er sich bis zu seinem Tod im Jahr 1772 ganz der Erschließung des „geistigen Sinnes" der Bibel. Für ihn war es wichtig, dass die Heilige Schrift ihres wörtlichen Sinnes entkleidet wird und alle Gestalten und Vorgänge in Bedeutungen und Typen verwandelt werden. Auf dem Wege der visionären Bibelauslegung traten nun eine Reihe von neuen Anschauungen auf, die sich von der traditionellen Kirchenlehre unterschieden. Zahlreiche religiöse Werke in lateinischer Sprache stammten aus seiner Feder.

Kein Geringerer als der Philosoph der Aufklärung, Immanuel Kant, hatte Swedenborg 1766 in einer Schrift scharf als „Erzphantasten" abgetan, seine Offenbarungen als „Mondkälber" bezeichnet und ihm den Titel „Geisterseher" angeheftet. Die Bezeichnung „Geisterseher" verband sich fortan wie ein Zweitname mit dem Namen Swedenborg und stempelte ihn zum irrationalen Sektierer ab. So war es nicht verwunderlich, dass sich Johannes Werner Sorgen machte, als sich sein Sohn mit diesem „Geisterseher" aus dem Norden beschäftigte, anstatt „anständige" Philosophie und Theologie zu treiben. Er versuchte, ihn von den Swedenborgschen Lehren abzubringen, und reiste zu diesem Zweck eigens nach Tübingen. Ohne Erfolg, sein Sohn wollte von Swedenborg nicht lassen. Es sei, so sagte er zu seinem Vater, von jeher sein Ziel gewesen, wie er den Menschen am besten dienen könne, und das habe ihn noch niemand besser gezeigt als Swedenborg.

[16] Zitiert bei Hutten, Kurt: Seher, Grübler, Enthusiasten. Das Buch der traditionellen Sekten und religiösen Sonderbewegungen, 12. vollständig revidierte und wesentlich erweiterte Neuausgabe, Stuttgart 1982, 563.

Gustav Werner schrieb seinem Vater:

> Die Geisterseherei ist Dir zuwider. Ich wünsche mir auch durchaus nicht den Umgang mit Geistern. Swedenborg selbst sagt, daß dieser Umgang für die meisten Menschen gefährlich sei, und von Gott nur bei denen zugelassen werde, auf deren ewiges Wohl es keinen störenden Einfluß habe. (...) Was mich anzog, ist eine Erklärung der heiligen Schrift, in deren Reinheit und Vernünftigkeit ich stets die vollste Beruhigung fand. (...) Ich muß gestehen, daß ich seinen ganz vernunftgemäßen Lehren von Gott, Liebe und Glauben und von allen göttlichen Dingen nicht widerstehen konnte, da ich sie von niemand so ganz der heiligen Schrift und Vernunft gemäß aufgefaßt und dargestellt sah. Ich glaube nicht blindlings, aber wenn ich meiner Vernunft nicht glauben kann, wem soll ich dann glauben? [17]

Der Vater konnte nicht überzeugt werden und schrieb ihm zurück: „Nimmer studieren, verloren für diese Welt! Am Ende selbst ein Geisterseher – nichts als umgeben von einer kleinen Schar Schwärmer und Heuchler, verlassen von vernünftigen, rechtlichen Menschen – nutzlos für seine Bestimmung – ein elender Hirnbrüter.“ [18]

In einem Brief vom 28. Juni 1829 ging der Sohn auf die Bedenken seines Vaters ein:

> Daß der liebe Vater noch nicht beruhigt ist, macht mir Kummer, und so sehr ich hierin seine Liebe gegen mich erkenne, so kann ich mich doch immer nicht überzeugen, daß seine Sorge gegründet ist. Daß ihm die Bücher [Swedenborgs] nicht beim ersten Durchlesen zusagten, glaube ich gerne, mir ging es anfangs so, und den meisten, die sie lesen, aber je mehr man sucht, desto mehr findet man." (18)

[17] Wurster, a. a. O., 26f.
[18] Wurster, a. a. O., 30.

Gustav Werner macht ihm deutlich, was er Swedenborg verdankte:

> Ich habe durch Swedenborg den Einheits- und Mittelpunkt gefunden, auf den alles im Reich der Wahrheit und Tugend zu beziehen ist, und dieser ist Gott, dessen Wesen und Verhältnis zu uns wie zur Natur er mich kennen lehrte. (19)

Was Gustav Werner an Swedenborg faszinierte, dass dieser sich ganz auf die Heilige Schrift als Gottes Wort stützte, diese aber nicht wörtlich, sondern in einem *geistigen Sinne* zu verstehen suchte. Dieser geistige Sinn bei Swedenborg war für Werner so dargestellt, dass er seiner Vernunft einleuchtete.

Deutlich wird ferner, wie wichtig ihm die *ethische Ausrichtung* von Swedenborgs Theologie war: Der Glaube darf nicht von der tätigen Liebe getrennt werden. Aus diesem Grund wird Werner später auch im Konflikt mit seiner Kirche die klassische Rechtfertigungslehre, nach der allein der Glaube selig macht, ablehnen.

Sodann wandte er sich mit Swedenborg gegen die klassische *Dreieinigkeitslehre*, für die Vater, Sohn und Heiliger Geist als drei Personen zu verstehen sind. Stattdessen ging er mit Swedenborg von den drei Erscheinungsformen des *einen* Gottes aus.

Werners Empfinden entsprach eine weitere Lehre Swedenborgs: *Gott ist Liebe.* Diese Liebe strömt ihr Wesen aus wie die Sonne ihre Wärme und dringt in die Seele der Menschen, ja in alles Geschaffene.

Und schließlich knüpfte er an Swedenborgs Sicht der Weltgeschichte an. Diese entwickelt sich seiner Meinung nach über verschiedene Stufen hin zu einer vollkommenen Gesellschaft. Am Ende steht die *neue Kirche.* In ihr ist die Liebe und die Gerechtigkeit in vollkommener Weise vorhanden. Dieser Gedanke blieb für Werner sein Leben lang zentral. Er glaubte jedoch – im Gegensatz zu den meisten „Swedenborgianern" seiner Zeit, dass sich die *neue Kirche* aus dem Schoß der protestantischen Kirche entwickeln werde und keine Kirche neben den bestehenden Kirchen gegründet werden sollte.

Fest steht, dass Werner in Swedenborg seinen theologischen Lehrer gefunden hatte und dieser auch zeitlebens sein Denken bestimmte. Das wird auch in einem Brief deutlich, den Gustav Werner als alter Mann 1883 an seinen Pflegesohn und späteren Biographen Paul Wurster schrieb:

> Du weißt, daß ich, wie einst dein teurer Vater, der Lehre Swedenborgs zugetan bin und die Grundlehren desselben lehre und ins Leben einzuführen suche. (...) Bekennen muß ich dir, daß ich mich – gerade in meiner vieljährigen Wirksamkeit auf dem geistigen Gebiet – von der Wahrheit dieser Lehre mich immer mehr überzeuge und mit innerer Befriedigung wahrnehme, wie die Grundwahrheiten derselben auch von seiten denkender, ernster Christen immer mehr anerkannt und gelehrt werden. (516)

Während seiner Studienzeit erfuhr auch die Kultusministerialbehörde, die für die Ausbildung der Theologiestudenten zuständig war, dass sich Werner und einige seiner Kommilitonen mit Swedenborg beschäftigten. Seine Lehrer im Stift wurden aufgefordert, sie sollten Werner „auf angemessene Weise vor der Neigung zum Swedenborgianismus warnen und zu einem ernsten und gründlichen Studium der Theologie ermahnen“[19]. Werner hörte sich diese Ermahnung zwar an, kümmerte sich aber nicht weiter darum.

Im Sommer 1832 legte er in Tübingen sein Schlussexamen ab. In seinem Zeugnis steht: „Der Theologiae Studiosus und Seminarist Gustav Albert Werner, gebürtig von Zwiefalten, Oberamt Münsin-

[19] Wurster, a. a. O., 32.

gen, hat bei der im September 1832 erstandenen Kandidaten-Prüfung das Zeugnis ‚zureichend' in der Klasse III. a erhalten und wird zur Übernahme von Vikariatsdiensten für befähigt erklärt."(61)

Werner bekam eine Vikarstelle angeboten, doch er schlug sie aus. Er fühlte sich, so schreibt der alte Werner rückblickend, noch nicht reif:

> Ich war in einer inneren Gärung, voll ernsten Eifers, ein wahrer Christ und als Geistlicher ein treuer Diener Gottes zu werden, aber es war mir noch nicht klar, in welcher Weise ich meine religiöse Überzeugung als Christ und Lehrer recht betätigen sollte und fühlte mich unreif und unwürdig, jetzt schon ein geistliches Amt zu übernehmen. (517)

Einen wichtigen Grund, warum er sein Vikariat nicht antrat, verschwieg er damals: Dem schon erwähnten Justizprokurator Ludwig Wilhelm Hofaker war es gelungen, ihn dafür zu gewinnen, nach Straßburg zu gehen und dort die Schriften von Swedenborg zu studieren und zu übersetzen. Hofaker hatte Straßburg als Ort ausgewählt, weil er selbst hoffte, in der dortigen Bibliothek die Schriften einiger Mystiker zu finden. Der Kirchenleitung gegenüber begründete Werner sein Urlaubsgesuch damit, dass er plane, die Bibel ins Lateinische zu übersetzen. Von seinen Swedenborgstudien sagte er nichts. Ihm war klar, dass ihm dann der Urlaub wohl kaum gewährt werden würde, denn Swedenborg galt als ein Ketzer und stand auf dem kirchlichen Index.

Das Konsistorium bewilligte die Beurlaubung. Werner war frei, nach Straßburg zu gehen.

„Mein Ideal, praktisches Christentum zu treiben" – Aufenthalt in Straßburg (1832–1834)

Im Herbst 1832 siedelte Gustav Werner nach Straßburg über, wo er von Oktober 1832 bis Februar 1833 als Deutschlehrer an einer Knabenschule, dem Lycée royal, arbeitete. Die Stelle gab er dann aber auf, um sich ganz dem Studium der Schriften Swedenborgs und deren Übersetzung vom Lateinischen ins Deutsche zu widmen. Vermutlich hat er daneben versucht, die Psalmen zu übersetzen.

Für seinen weiteren Lebensweg entscheidender als die Übersetzungsarbeiten wurde jedoch die Bekanntschaft mit der Familie des im Ruhestand lebenden Caspar Wegelin. Werner war bald regelmäßiger Gast der von der Erweckungsbewegung geprägten Familie, nahm an deren Hausandachten teil und aß mit ihr zu Abend. Er fand hier eine Frömmigkeit, die ihn sehr ansprach: innerlich, fröhlich, dem Leben und den Mitmenschen zugewandt. Durch die Wegelins lernte er das Leben und Werk des berühmten Pfarrers Johann Friedrich Oberlin (1740–1826) kennen. Er schrieb später als alter Mann darüber:

> Ich muß zwar gleich im voraus Ihnen bemerken, daß ich Papa Oberlin nicht persönlich kennengelernt habe; ich war vom Jahr 1832–1834 in Straßburg, nachdem Oberlin schon 1826 gestorben war; seinen Sohn, der in Straßburg sich aufhielt, und seine Tochter (...) traf ich manchmal in Wegelins Hause; durch ihn lernte ich übrigens Oberlins Geist und Wirken genau ken-

> nen, da er, wie auch Frau Wegelin, in einer innigen Geistesgemeinschaft mit Oberlin stand, auch fast jedes Jahr während des Sommers mehrere Wochen bei ihm zubrachte. Durch ihn erhielt ich ein ganz lebendiges, wahrheitsgetreues Bild von Oberlin, und dies sowie der immer innigere, zuletzt fast alltägliche Verkehr mit dem echt frommen Mann [Caspar Wegelin], der im Glauben stark und in der Liebe brünstig war, dabei höherer Erleuchtung gewürdigt worden, wie Oberlin auch, hat meiner religiösen Anschauung und Tätigkeit die Wendung gegeben, die sich mir während meines nun fünfzigjährigen Lebens und Wirkens als eine gesunde und heilsbringende bewährt hat; ich kann meinen Aufenthalt in Straßburg als meine geistige Geburtstätte betrachten. (517)

Johann Friedrich Oberlin wurde 1740 in Straßburg geboren, wo er von 1755 bis 1761 Theologie studierte. Daneben beschäftigte er sich ausführlich mit Medizin und Naturkunde. 1762 bis 1765 war er Hauslehrer im Haus eines Straßburger Arztes, ehe er von 1766 an fünfzig Jahre lang bis zu seinem Tod im Jahr 1826 Pfarrer im Steintal, einem Tal in den Vogesen, wurde. Das Steintal war damals ökonomisch und sozial völlig unterentwickelt. Die Kirchenleitung in Straßburg betrachtete es als eine Art Sibirien, wohin man Geistliche schickte, die in Ungnade gefallen waren, sei es wegen ihres Lebenswandels oder weil sie sonst als Pfarrer einen schlechten Stand hatten. Für den umfassend gebildeten Oberlin, der seinen theologischen Doktor gemacht hatte, traf dies nicht zu. Er hätte wohl vermeintlich bessere Pfarrstellen haben können. Aber ihn reizte diese schwere Aufgabe im Steintal, denn seine Grundüberzeugung war: „Die Liebe zu Gott und zum Nächsten ist das erste und höchste Gebot. Es ist gegeben, um die Herrschaft seines Geistes zu errichten (…), daß wir helfen sollen bei seinen Plänen mit allen unseren Kräften.“[20] Motiviert von einem solchen Tatchristentum hatte Oberlin dem Steintal innerhalb weniger Jahre zu wirtschaftlicher und kultureller Blüte verholfen. Die Vielfalt seiner sozialdiakonischen Aktivitäten ist nahezu unfasslich.

Als Oberlin ins Steintal kam, reichten die geringen Erträge der *Landwirtschaft* nicht, die Steintäler zu versorgen, so dass vielfach Hunger herrschte. Es gelang Oberlin durch neue Anbaumethoden den Ertrag an Kartoffeln zu erhöhen und sogar einen Überschuss für den Verkauf zu erzielen. Auch führte er neue Nutzbäume ein und verwendete Naturdünger zur Ertragssteigerung.

Vor der Zeit Oberlins wurde im Steintal kaum *Handwerk* betrieben. Oberlin schickte Leute aus dem Dorf auswärts in die Lehre. „Innerhalb weniger Jahre gab es im Dorf Schmiede, Wagner, Zimmerleute, Maurer, Tischler, Sattler, Schuhmacher und Schuhflicker, Dachdecker und Glaser.“[21]

Lange vor Friedrich Wilhelm Raiffeisen führte Oberlin eine *Darlehenskasse* ein. Diese Darlehenskasse löste das Problem der einstweiligen Geldknappheit in Familien durch Vergabe von kleinen Krediten, für die keine Zinsen bezahlt werden mussten. Ein von ihm gegründeter landwirtschaftlicher Verein unterhielt landwirtschaftliche Geräte und Saatgut, die für wenig Geld geliehen oder gekauft werden konnten.

In der Geschichte der Pädagogik nimmt Oberlin zweifelsohne einen wichtigen Platz ein. Er war der erste, der Kinder zwischen drei und sechs Jahren in Gruppen außerhalb des Elternhauses aufgenommen hat. 1770 gründete er die *Kleinkinderschule*. Oberlin kann somit als Gründer des ersten „Kindergartens“ bezeichnet werden. Er notierte zum Zweck der Kleinkinderschulen: „1. kommen die

---

[20] Zitiert bei Kurtz, John W.: Johann Friedrich Oberlin. Sein Leben und Wirken, Metzingen/ Württemberg 1988, 84f.

[21] Kurtz, a. a. O., 122.

Johann Friedrich Oberlin (1740–1826)

Kinder von der Straße; 2. werden sie nach und nach zur Arbeit angewöhnt; 3. kommen sie unter eine gute Aufsicht, 4. wird früh an den Seelen gearbeitet; 5. lernen sie dadurch Französisch[22] (...); 6. werden sie fleißiger zur Schule zu gehen gemacht (d. h. man kann erreichen, daß sie eifriger in die Schule gehen); 7. verdienen dadurch die Kinder, wo nicht viel, doch wenig. Ein treuer Haushalter aber verachtet nichts; 8. sollte das Stricken in Aufnahme kommen, so würde manches Geld im Lande bleiben und manche sonst verlorene Zeit nützlich angewendet werden."[23]

[22] Die Steintaler Bevölkerung sprach damals den „Patoiser Dialekt". Dieser Dialekt, der außerhalb des Tals nicht verstanden wurde, war mitverantwortlich für die Isolierung des Steintals und dessen Armut.

– Als Gustav Werner später in seinem Vikariat eine Kleinkinderschule gründete, tat er dies mit fast denselben Begründungen!

Auch mit der *Verbesserung der öffentlichen Schulen* beschäftigte sich Oberlin. Es gelang ihm durch Sammeln von Spenden vier Schulhäuser im Steintal zu bauen. Die allgemeine Schulpflicht gab es zwar noch nicht, doch Oberlin konfirmierte nur Kinder, die regelmäßig die Schule besuchten. So erreichte er mit diesem „sanften" Druck, dass alle Kinder am Schulunterricht teilnahmen, ohne für die Schulpflicht eine gesetzliche Handhabe zu besitzen.

Große Verdiente erwarb sich Oberlin auch auf dem Gebiet der *Heimindustrie.* Seiner Initiative war es zu verdanken, dass an die Bewohner Baumwollspinnereien und Webereien von einer Spinnmanufaktur vergeben wurden. Damit sollten die Einkommen in seiner Gemeinde auf eine breitere und weniger krisenempfindliche Grundlage gestellt und zudem bäuerliche und handwerkliche Arbeit miteinander verbunden werden. Als am Ende des 19. Jahrhunderts die Herstellung von Baumwollstoffen aufgrund der Konkurrenz von maschinell gefertigten Textilien bedroht war, konnte Oberlin den Basler Textilfabrikanten Jean-Luc Legrand dazu bewegen, ein Unternehmen im Steintal aufzubauen. Dadurch wurden Arbeitsplätze geschaffen und Löhne ausbezahlt, die manche Familie vor der Hungersnot bewahrten. Später übergab Legrand sein Unternehmen an seine beiden Söhne, die zu den frühen Förderern und Spendern Gustav Werners schon während seines Vikariats zählten.

Blickt man als Biograph Werners auf Oberlins vielfältige Unternehmungen, so ist leicht zu erkennen, dass das praktische Christentum des Steintaler Pfarrers für Werner zum Vorbild wurde: die Förderung von Landwirtschaft, Handwerk und Heimindustrie,

---

[23] Kurtz, a. a. O., 56.

die Gründung von Kleinkinder- und Elementarschulen, die berufliche Fort- und Weiterbildung, der Aufbau einer landwirtschaftlichen Darlehenskasse. All dies wird Werner später selbst durchführen und fördern.

Werner war begeistert von dem, was er über Oberlin hörte: „Ich wurde", so schrieb er 1883 „vor dem Dogmatismus bewahrt, der so manche Swedenborgianer im Bann hält und lernte von Oberlin, dessen Lebensbeschreibung Du auch lesen solltest, die gesunde praktische Liebestätigkeit kennen (...)."(521) Und an anderer Stelle machte er deutlich, wie sich in dieser Begegnung mit Oberlin sein Lebensprogramm herauskristallisierte und sich sein weiterer beruflicher Weg ankündigte:

> Als ich nach Vollendung meiner Studien einige Zeit in Straßburg verweilte (...), und dort durch sehr treue Freunde Oberlins sein Wirken näher kennen lernte, wie er eine arme verkommene Bevölkerung im Steintal durch Verbindung von Frömmigkeit und Arbeit aus sittlichem und leiblichem Elend zu Gottesfurcht, echter Frömmigkeit und christlicher Liebe und zu äußerem Wohlstand erhob, da war mir auf einmal klar, welche Laufbahn ich in meinem Wirken als Geistlicher einzuschlagen hätte. In Oberlin hatte ich mein Ideal gefunden, und praktisches Christentum zu treiben, wie er in seinem Steintal, stand mir nun als meine Lebensaufgabe vor Augen.[24]

Schon bald als Vikar sollte er die Gelegenheit haben, dem Pfarrerideal Oberlin nachzueifern.

Doch so glatt, wie es Werner im Rückblick darstellt, ging seine innere Entwicklung nicht vonstatten. Werner hatte eine schwere Lebenskrise zu bestehen, ehe er wusste, was seine Lebensaufgabe war. Im Februar 1833 starb sein väterlicher Freund Caspar We-

[24] Friedensblätter aus dem Bruderhause, Juni 1885, Nr. 10, 76. Im Original steht zweimal fälschlicherweise statt „Steintal": „Rheintal".

gelin. Kurz vor seinem Tod hatte er Werner zu sich rufen lassen und ihm den von Oberlin hinterlassenen Ring übergeben, den Werner fortan trug. Mit diesem symbolischen Akt hatte Wegelin ihn zum geistigen Erben Oberlins eingesetzt. Daneben hatte er ihm angekündigt, „wenn der Herr es erlaube", werde er ihm aus dem Jenseits nach seinem Tod erscheinen.

Etwa ab der Mitte des Jahres 1833 geriet Werner in eine schwere, depressiv getönte Lebens- und Glaubenskrise, deren Ursachen wohl sehr vielschichtig gewesen sein dürften. Gründe waren unter anderem: der Tod Wegelins, die Unsicherheit seiner beruflichen Zukunft als von den Gedanken Swedenborgs überzeugter Theologe, die Unzufriedenheit mit der von ihm übernommenen Übersetzungsaufgabe, Zweifel über den eingeschlagenen Weg, die Spannungen mit seinem Vater und dessen Drängen auf Rückkehr in die Heimat. Er schreibt von Gefühlen der Minderwertigkeit und Schuld, von Unruhezuständen, schlimmen Träumen und Begierden während der Nacht. Gleichgültigkeit, Mut- und Hoffnungslosigkeit, auch Hass gegen Nahestehende lasteten schwer auf ihm. Oft war er zerstreut und konnte sich kaum konzentrieren. Er notiert:

> Seit einiger Zeit lebte ich in schwerem Dunkel. Zweifel aller Art schlugen auf mich ein, alles höhere Innewerden für Wahres entschwand mir, so daß mir auch nicht eine Wahrheit blieb, von der ich sagen konnte, ich glaube sie; ich muß wohl lernen, daß der Mensch aus sich nicht glauben kann. – Zudem peinigte mich wieder die Erinnerung an frühere Mißtritte, und ich sah, wie ich noch Fehler um Fehler machte, auch Leiden mehr äußerlicher Art fehlten nicht.[25]

[25] Er bei uns. Wunder um die Wiege; in Verkündung gestellt von den Thatzeugen unter Besorgung der Herausgabe durch Ludwig Hofaker, Tübingen/ Leipzig 1839, 56.

Seit September 1833 nahm Werner an spiritistischen Sitzungen teil. Die Nichte des verstorbenen Caspar Wegelin, Nanette Wegelin, fiel in diesen Sitzungen in schlafähnliche Zustände, in denen durch ihren Mund der verstorbene Wegelin vermeintliche Botschaften aus dem Jenseits an Werner übermittelte. Diese Worte „protokollierte" Werner als Teilnehmer der Sitzungen. Das von Werner Aufgeschriebene erschien einige Jahre später als Buch unter dem Titel „Er bei uns". Darin werden in weithin salbaderndem Tonfall die Ratschläge des verstorbenen Wegelin zu persönlichen Fragen, Nöten und Sorgen Werners dokumentiert. Beispielsweise wird ihm unter Berufung auf Jesus gesagt, er solle von seinen hochfliegenden Swedenborg-Studien ablassen, aus der luftigen Höhe der spekulativen Gedanken herniedersteigen und Pfarrer werden[26]:

> Ja, geliebter Freund, im Namen dieses seligmachenden Jesus rufe ich dir zu: Zachäus steige hernieder von allen Höhen eigenen Bauwerkes, vergaffe dich nicht an Dingen, die deines Berufes nicht sind, steige hernieder, werde klein; Jesus Christus, der alleinige Seligmacher, der Brunn alles Heils, das Brot des Lebens, will in deinem Herzenshause einkehren, auf daß dir Heil widerfahre (...). Höre, mein Freund: dein Beruf ist, zu verkündigen das Wort des Lebens, und zwar auf keine andere Weise, als in Mitteilung der klaren, unvermischten, lautern, einfachen Milch des Evangeliums von Jesu Christo; und wäre auch deine Predigt eine bloße Zusammensetzung von dem klar dastehenden Bibelworte, das heißt von lauter zusammengesetzten Sprüchen aus demselben in seiner vorhandenen Einfachheit, so gebe ich dir meine Seele zum Pfande, daß deine Aussaat ist nach des Herrn Wohlgefallen. (53)

[26] Vgl. Bartel, Gustav Werner. Eine Biographie, Stuttgart 1990, 78f.

Dass Verstorbene aus dem Jenseits reden, erscheint uns heute einigermaßen kurios und abstrus. Damals aber galt die Existenz von Geistern im Jenseits und ihr Einfluss auf das Diesseits bei vielen, auch prominenten Zeitgenossen[27], zum Beispiel Johann Wolfgang von Goethe, Matthias Claudius, Clemens Brentano, Justinus Kerner, Johann Heinrich Jung-Stilling, Johann Caspar Lavater, als selbstverständlich. Auch Oberlin und Swedenborg hatten diesen Jenseitsglauben und waren überzeugt, dass es möglich sei, mit Verstorbenen zu verkehren. Oberlin berichtete ausführlich davon, dass er mit seiner früh verstorbenen Frau Kontakt „aus dem Jenseits" hatte.

Eine mir einleuchtende psychologische Erklärung für die „Botschaften aus dem Jenseits" an Werner hat der Psychiater und Urgroßneffe Gustav Werners, Paul Krauß, gegeben[28]: Mit instinktiver Sicherheit erfasste Nanette Wegelin in ihren schlafähnlichen Zuständen die innere Problematik und Spannung, in denen Werner sich befand. In der damals verbreiteten Sprache des religiösen Mystizismus fühlt sie sich in Werner ein. „Werner wird zur Aussprache ermuntert, seine Klagen werden stets ernst genommen und mit verständnisvoller Behutsamkeit beantwortet. Not und Bedrängnis werden als Glaubensprüfung und Mittel zur persönlichen Bewährung hingestellt, aber auch als allgemein menschliches Problem ausgewiesen, das von jedem Christen im Ringen um Gottes Gnade und Barmherzigkeit zu bewältigen sei."[29] Immer wieder versichert Nanette (als „Sprachrohr Wegelins") Werner die umfassende Liebe Gottes, die sich gerade seiner

[27] Vgl. dazu Bartel, a. a. O., 71 ff., dort auch mit Belegstellen.
[28] Krauß, Paul: ‚Mediale' Psychotherapie einer depressiven Krise. Ein Kuriosum aus den Jahren 1833/34, in: Psyche, Heft 10, 1981, 963–971. Es sei im Übrigen darauf verwiesen, dass bereits der erste Biograph und Pflegesohn von Gustav Werner, Paul Wurster (a. a. O., 47–49) eine psychologische Erklärung für die Botschaften „aus dem Jenseits" gibt.
[29] Krauß, a. a. O., 965.

erbarme. In ihrer „therapeutischen Seelsorge" weiß Nannette auch die Träume zu nutzen. Wie einer seiner von ihm niedergeschriebenen Träume zeigt, lag seiner Krise auch ein unbewältigter homoerotisch getönter Konflikt aus der Maulbronner Seminarzeit zugrunde. Die damit verbundenen Schuldgefühle, die Werner wegen einer „Liebesfreundschaft" mit seinem inzwischen verstorbenen Freund Becker hatte, können in dieser speziellen Form der „Therapie" aufgearbeitet werden.[30] Als „geheilt" und im Glauben gefestigt ging Werner aus der Krise hervor.

Eine Art Schlüsselerlebnis auf dem Weg zu seiner religiösen Gewissheit war für Werner das Erlebnis einer Abendmahlsfeier am 25. Dezember 1833. Er selbst erzählt:

> Mit schwerem, verlassenem Herzen hatte ich den Heiligen Abend verbracht, mit noch schwererem den Christtagsmorgen. Ich wünschte – wagte aber kaum zu bitten –, daß der Herr an diesem Tage, wo er so viele erfreut und ich mir aller geistigen und natürlichen Freuden ledig sah, mir auch etwas schenken möge. (...) Ich entsagte endlich und suchte aus allen Kräften, Licht und Frieden in mein verstörtes Gemüt zu bringen; was mir auch mit Gottes Wort mehr und mehr gelang. Doch immer fehlte noch etwas, was es mir zur vollen Gewißheit gebracht hätte, daß der Herr in mir wirke; es kam mir nie zum klaren, unbezweifelten Innewerden, daß der Herr mich *liebe.* (55)

Als Werner ins Haus Wegelin kam, forderte Nanette (als „Medium Wegelins") die Anwesenden auf, das Abendmahl einzunehmen. Beim Empfang von Brot und Wein seufzte Werner vor Angst.

---

[30] Der Traum wird von Werner selbst erzählt und in seinem Buch „Er bei uns" (a. a. O.) aufgeschrieben. Auch den Namen seines Jugendfreundes nennt Werner. Vgl. Krauß, a. a. O., 967 f.

> Ich fühlte mich gedrungen, zum Gesang ‚*Ich bete an die Macht der Liebe*' vorzuschlagen, ein Lied von ebenso ansprechendem Inhalt als rührender Melodie. Als wir an die Stelle kamen ‚Wie bist du mir so sehr gewogen, und wie verlangt mein Herz nach dir!' sprangen auf einmal die Fesseln von meiner zerdrückten Seele; die Liebessonne leuchtete mit Macht herein, und wie Eisberge schmolzen von meinem belasteten Herzen. Meine Tränen flossen; und immer süßer und immer weicher wurde es in meinem Herzen. – Zum erstenmal *fühlte ich in seiner ganzen Fülle, daß Gott mich liebe!* (56)

In verdichteter Form zeigt das Weihnachtsabendmahl noch einmal: Gustav Werner hatte in seiner Straßburger Zeit schmerzliche Erfahrungen durchlebt. Durch liebende Zuwendung von Menschen und den erfahrenen Zuspruch, dass Gott ihn liebte, konnte sich manches Schmerzliche lösen. Nach dieser Lebenskrise gereift, war er sich sicher, dass er nun auf den Spuren Oberlins sein Pfarramt versehen wollte.

Allerdings stand dem Beginn seines Vikariats noch etwas im Weg. Der Kirchenleitung war inzwischen bekannt geworden, dass Werner Schriften Swedenborgs studiert und übersetzt hatte. Sie forderte von ihm deshalb eine Erklärung, dass er die in ihren Augen ketzerischen Anschauungen Swedenborgs nicht ausbreiten werde. Werner war dazu bereit und erklärte, „daß ich nichts Sektiererisches von Swedenborg in meine Vorträge in Kirche und Schule aufnehme wolle, so wie ich überhaupt überzeugt bin, daß der Name Swedenborg nicht auf der Kanzel gebraucht werden solle.“ (65) Im Mai 1834 reiste Werner von Straßburg ab, um in Württemberg mit dem Vikariat zu beginnen – „von dem Grundsatz beseelt, das Christentum in der Tat zu beweisen.“ (440)

„Ein Wärmestrom christlicher Liebe" – Vikariat in Walddorf (1834–1840)

Die Kirchenleitung beorderte Gustav Werner im Juli 1834 nach Walddorf, einer Gemeinde nahe Tübingen. Zur Pfarrstelle Walddorf gehörten noch die Filialgemeinden Gniebel, Rübgarten und Häslach, die jeweils eine eigene Schule und eine eigene Kirche besaßen. Insgesamt zählten zur Kirchengemeinde rund dreitausend Gemeindeglieder.

Der Walddorfer Pfarrer und damit Werners Lehrpfarrer war Philipp Gottlieb Landerer (1770–1840), ein angesehener Theologe und Seelsorger. Landerer war nach der theologischen Ausbildung zunächst im Schuldienst gewesen und hatte dann fünfzehn Jahre als Professor im Seminar in Maulbronn gewirkt, ehe er aus gesundheitlichen Gründen in der Hoffnung auf eine ruhige Pfarrstelle nach Walddorf wechselte. Einer der Vorgänger Werners im Vikariat nannte ihn „einen edelgesinnten, in der Amtsführung sehr erfahrenen Mann"[31], bei dem er viel gelernt hätte. Landerer war zwar ein etwas trockener theologischer Rationalist, aber von seinem Wesen her umgänglich und eine Person des Ausgleichs.

Als Gustav Werner seine Stelle antrat, war Landerer ein kränklicher Mann. Er hoffte wohl, dass sein Vikar ihm viele Aufgaben

---

[31] Zitiert bei Maier, Gerald: Zwischen Kanzel und Webstuhl. Johann Georg Freihofer (1806–1877). Leben und Wirken eines württembergischen Pfarrers im Spannungsfeld von Staat, Kirche und Gesellschaft, Leinfelden-Echterdingen, 1997, 119.

abnehmen, aber trotzdem im zweiten Glied bleiben würde. Schon die ersten Predigten machten jedoch deutlich, dass der Vikar Werner seinen Lehrpfarrer Landerer bald in den Schatten stellen würde – der Konflikt mit dem älteren Geistlichen war vorhersehbar. Als der 25-jährige Vikar von der Kanzel sprach, horchten die Walddorfer auf. Eine neue Tonlage, eine ungewohnte Theologie war im Gottesdienst zu hören. Vom Walddorfer Schultheiß ist überliefert, dass er nach der ersten Predigt auf Schwäbisch urteilte: „So hent mer no koin ghet!“[32] Auf Hochdeutsch: Einen solchen hatten wir bisher noch keinen! Für die meisten Walddorfer war schnell klar: Der neue Vikar ist ein ganz Besonderer! Bald verbreitete sich Werners Ruf als Prediger. Auch von auswärts reisten Menschen zu seinen Gottesdiensten an. Oft konnte die Kirche die Zuhörer nicht fassen, und viele mussten im Freien stehen.

Liest man seine Predigten[33], so fragt man sich, worin deren Faszination gelegen haben mag. Sprachlich sind es – zumindest aus heutiger Sicht – über weite Strecken nicht gerade Meisterwerke; vieles wirkt langatmig und ausufernd belehrend. Schon Gotthold Kneile, einer der ersten Werner-Biographen, stellte fest: „Wir bekommen beim Lesen dieser Reden übrigens keineswegs den Eindruck des Außerordentlichen.“[34] Was machte dann den Erfolg von Werners Predigten aus? War es die Art, wie sie vorgetragen wurden, Werners gewinnendes Äußeres, seine klangvolle Stimme? Sollte das auch ein Grund gewesen sein, weshalb vor allem Frauen in immer größerer Zahl zu seinen Predigten kamen? Waren sie volksnaher als die Predigten der meisten seiner Pfarr-

[32] Wurster, a. a. O., 54.
[33] Reden aus dem Wort. Eine Predigtsammlung von Gustav Werner, Tübingen/Leipzig 1839.
[34] Kneile, Gotthold: Gustav Werner und sein Werk, 2. umgearbeitete Aufl., Stuttgart 1925, 33.

Gustav Werner

kollegen? Spürte man Werner die innere Entschlossenheit, sein kaum zu überbietendes Sendungsbewusstsein ab? War es das Empfinden, dass bei Werner Leben und Predigt übereinstimmten, dass er also, wie man heute sagt, authentisch und glaubwürdig war? Das alles mag eine Rolle gespielt haben, dass ihm die Gemeinde gerne zuhörte. Eine grundlegendere Erklärung für seinen „Erfolg“ gibt Eberhard Renz: „Seine Gemeinde in Walddorf bei Tübingen spürt, daß dem frischgebackenen Vikar nicht so sehr an scharfen Bußpredigten liegt, sondern daß ein Wärmestrom christlicher Liebe von ihm ausgeht.“ (VII)

„Ein Wärmestrom christlicher Liebe“! Damit dürfte Wesentliches erfasst sein: Werner war nicht an gepfefferten Bußpredigten mit breitem Ausmalen möglicher Höllenstrafen interessiert. Zwar rief auch er in seinen Predigten zur Umkehr, zur Buße auf. Ja, er verglich sich gar mit Johannes dem Täufer: „Ich muß immer noch Johannes im rauhen Gewand sein und Buße predigen; diese Predigt macht die Menschen erst geistlich arm, denn sie zeigt ihnen ihre innere Blöße, Elendigkeit und Verdorbenheit.“(114) Zwar sah er durchaus die Christenheit seiner Zeit in einer tiefen Krise: „Das göttliche Leben ist tot und erstorben unter uns, ein trauriger Winter liegt über der ganzen Christenheit.“(127) Während aber die pietistischen Bußpredigten seiner Zeit auf die innerseelische Erweckung abzielten – oft unter massiver Androhung des ewigen Gerichts – lag bei ihm alles Gewicht auf der Liebestätigkeit. Das war der neue Ton, der Werner von den meisten Bußpredigern seiner Zeit unterschied. In einer Predigt am Pfingstfest etwa sagte er:

> Es ist aber nicht genug, daß die Liebe im Herzen sei, sie muß sich auch durch die Tat zeigen, es heißt sehr bestimmt: ‚Liebet ihr mich, so haltet meine Gebote. Wer meine Gebote hat und hält sie, der ist es, der mich liebet.‘ Jede echte Liebe bekundet sich durch die Tat; sie will dem zu gefallen suchen, den sie liebt; es ist dies ihr eigenes Wesen, ihre Natur und dies darum, weil jede reine Liebe Ausfluß der göttlichen Liebe ist, die sich auch durch die Tat äußert, indem sie die Menschen, welche sie liebt, glücklich zu machen sucht. (150)

Und an anderer Stelle formulierte er: „Erst wenn der Mensch mit Liebe tut, was das Gesetz befiehlt, dann ist er gerecht; was er aber jetzt tut, sind nimmer Werke des Gesetzes, sondern Werke der Liebe.“ (107)

In einer Predigt geht er auf die Armut in Walddorf ein.

> Meinst du, damit sei deinem Gott gedient, daß du die Hände in den Schoß legst und deinen armen Mitbruder seinem Elend überlässest? Gott hat ihn an dich gewiesen; er rechnet darauf, dass du seinem Kinde helfest, denn er will ohne dich nichts tun. Wie mag es ihm nur sein, wenn sein Kind im Elend sitzt und er ihm nur mit dir helfen will, du aber ruhig sitzen bleibst und nur zu ihm singst und betest? Muß er nicht sagen: ‚Was soll mir das Geplärr eurer Lieder'? Du merkst es nicht, wie deine Hand krank ist. Du meinst, zum Gutestun müsse man reich sein; da du nun das nicht seiest, so könnest du auch nichts Gutes tun. Ich sage dir: Zum Gutestun braucht man nur eine Hand. Laufen nicht jetzt in dieser harten Winterszeit Kinder und Arme unter uns herum, die kaum ihre Blöße decken, ihre Stuben wärmen können? Warum schickt ihnen Gott vom Himmel keine Kleider und kein Holz? Weil er will, daß du Mensch es tun sollest. Darum strecke deine Hand aus! Fang einmal herzhaft an, laß die Leute richten und spotten und sitz hin und mach' einem Armen ein Kleid, das wird dem Herrn besser gefallen, als viel Beten und Singen. Hast du das Tuch nicht dazu, schäme dich nicht, es von einem Reicheren zu betteln; der soll seine Hand nur auch ausstrecken und Gutes tun.[35]

Nichts war ihm so sehr zuwider als ein reines Wortchristentum: „Was man glaubt, (...) das spricht sich immer im Leben und in der Tat aus; der Glaube muß sich stets zeigen in den Werken, oder er ist tot, was soviel als kein Glaube ist."(116) Rückblickend sagt Werner selbst, worum es ihm in seinen Predigten hauptsächlich ging: „In der Predigt drang ich vor allem auf die Liebestätigkeit."[36]

---

[35] Zitiert bei Kneile, a. a. O., 35.
[36] Merkh. Lotte, a. a. O., 33.

Werner hatte sich also der Aufgabe verschrieben, ein engagiertes Christentum zu wecken. Aus Wortchristen sollten Tatchristen werden. Um dieses Ziel zu erreichen, verlangte er sich selbst eine ungeheure Arbeitsleistung ab und gönnte sich nur vier Stunden Schlaf. Predigen, Konfirmandenunterricht, Schulunterricht, „Klassenausflüge" nach Tübingen und Reutlingen, Bibelstunden, Kinder- und Jugendarbeit, Hausbesuche – alles führte er mit wahrem Feuereifer aus. Sein beruflicher Einsatz hatte etwas Maßloses. Der Sohn seines Vikarsvaters bemerkte gegenüber Werner kritisch: „Ich kann nicht begreifen, wie eine Kraft, welche weise angewendet ein ganzes Leben ausfüllen kann, auf einmal gleichsam hinausgestürmt sein soll. Du trägst jahrelang, was ich oft kaum tagelang tragen kann. Es gibt auch falsches Märtyrertum, und hinter der Stärke, die sich selbst für nichts achtet, kann eine gefährliche Schwäche stecken."[37]

Werner selbst litt darunter, dass er die rechte Mitte zwischen Arbeit und Ruhe nicht finden konnte. Unzufrieden war er darüber, wie er trotz aller seiner Anstrengungen scheinbar so wenig Erfolg bei der Weckung gelebten Christentums hatte. In einer Predigt im Jahr 1835 sagte er: „Ich arbeite nun ein Jahr unter euch, was hab ich gefangen, wen gewonnen? Ich weiß niemand."[38] Sein Vater suchte ihn zu trösten: „Du bist uns weit voran, aber gerade darum sollte Dein Inneres mehr Freudigkeit besitzen; Dein Gemüt leidet aber unter dem Gefühl, daß Dein redliches Wirken bis jetzt noch keinen besseren, *sichtbaren* Erfolg gehabt hat. Fürs erste kennst Du aber diesen Erfolg nicht, denn das schwache menschliche Auge sieht nicht weit. Fürs zweite soll dieses Gefühl nicht soweit gehen, daß es die Lebenskraft angreift. Wir können unsere Arbeit nur redlich tun und Gott bitten, daß er sie segne. Die Pflanze braucht oft nur wenige Monate zu ihrer Reife,

[37] Wurster, a. a. O., 68.
[38] Zitiert bei Wurster, a. a. O., 59.

und doch muß der Same vorher ersterben, ehe der Keim sich entwickelt und unter Hagel und Sturm stark wird. Wenden wir, was die Natur uns lehrt, auf das längere Menschenleben und auf die langsame Entwicklung desselben an, so haben wir das rechte Verhältnis, um unsere Erwartungen und Wünsche zu regeln.“(43)

Die wahrhaft lebensklugen Worte des Vaters waren das eine, Gustav Werners Ansprüche das andere. In seinem Vikarszimmer im Walddorfer Pfarrhaus soll zwar kein Bild, aber ein eingerahmter Bibelspruch gehangen haben: „‚Ihr, die ihr den Herrn mahnet, lasset euch keine Ruhe, und lasset ihm keine Rast, bis dass er Jerusalem herstelle in einen Stand der Herrlichkeit auf Erden‘ (Jes 62, 6 und 7).“[39] „Lasst Euch keine Ruhe….!?“ Nach nur einem Jahr im Vikariat zeigte sich, dass er sich überanstrengt hatte. Er wurde krank und musste mehrere Wochen pausieren. Auch im weiteren Lebenslauf wird Werner mit einer gewissen Rastlosigkeit arbeiten. „Keine Ruhe, weder im Körper noch im Gemüte“[40], urteilte sein Lehrpfarrer Landerer, kurz bevor er Walddorf verlässt. Heute würde man Gustav Werner vielleicht einen „Workaholic“, einen Arbeitssüchtigen, nennen.

Im Juni 1836 sollte Werner sein Dienstexamen vor dem Konsistorium in Stuttgart ablegen. Er hatte Sorgen, die Prüfung nicht zu bestehen. Sein Vater wünschte ihm zur Reise nach Stuttgart Glück und meinte humorig: „Wenn Du auch gegen alle Wahrscheinlichkeit nicht für examiniert erklärt werden solltest, hat das nichts zu sagen. Du gehst dann nach Hohenheim, studierst dann die Landwirtschaft; ich pachte dir eine schöne Domäne, dann lebst du für Dich und treibst, was Nutzen bringt. Also unverzagt!“ (39) Sein Sohn Gustav musste dann doch nicht den Pflug

[39] Zitiert nach Wurster, a. a. O., 67.

[40] In einem Brief an das Dekanatamt in Tübingen vom 17. Dezember 1939, zitiert bei Krauß, Paul: Pfarrer Landerer und sein Vikar Gustav Werner, in: Das Bruderhaus, Nr. 11, 1951, 4.

gegen die Kanzel eintauschen. Er bestand das Examen wider eigenes Erwarten mit „Gut“.

Wenn der „Wärmestrom christlicher Liebe“ nicht nur in wohlfeilen Worten des jungen Vikars bestehen sollte, so hatte dieser in seinem Dienst auch spür- und sichtbar zu werden. Er selbst schrieb im Rückblick:

> Seitdem die Grundwahrheit mein Leben erfaßt hatte, daß die Liebe das Wesentliche der Religion sei, und dieselbe durch die Tat sich beweisen müßte, war mein Streben darauf gerichtet, diese Wahrheit so viel [wie] möglich ins Leben einzuführen. Meine Gemütsbeschaffenheit zog mich überdies besonders zu den Kindern hin, deren mannigfache Verwahrlosung mir tief zu Herzen ging. Als ich daher in Walddorf (...), einem bedeutenden Pfarrdorfe mit drei Filialen als Vikar im Jahr 1834 angestellt wurde, so wandte ich meine Tätigkeit besonders der Jugend zu, und hatte endlich die Freude, im Herbst 1837 in Walddorf und dem Filiale Rübgarten eine Industrie-Schule und eine Kleinkinderschule ins Leben zu rufen."[41]

An einem Oktobersonntag 1837 gab Werner im Gottesdienst bekannt, dass er eine Kleinkinderschule eröffnen wolle, also eine Einrichtung, die mit unserem heutigen Kindergarten vergleichbar ist.

Weshalb am Anfang von Werners großem diakonischen Werk eine Kleinkinderschule stand, das können wir seinem erwähnten Selbstzeugnis entnehmen: Zum einen hatte Werner von seinem Wesen her einen besonderen, Zugang zu Kindern. Die Kinder liebten den freundlichen und ihnen gegenüber natürlichen und unbefangenen Vikar. Eines der damaligen Walddorfer Kinder erinnert sich als ältere Frau an ihn „in Liebe und Verehrung“: „Wie

---

[41] Sendbrief, März 1856, 379f.

Kleinkinderschule im Haus von Charlotte Nagel

manches Mal zeigte er mir, auf den Armen mich tragend, den gestirnten Nachthimmel, oder er wußte meiner Kinderphantasie vor dem Einschlafen noch manch Schönes zu erzählen."[42] Und: „Wenn der Herr Vicarius so durch Wald und Flur mit seinen Kindern spazieren ging, da hingen sie alle an ihn. Was an den Händen nicht Platz hatte, das erfaßte die Rockschöße, und dies alles nahm er mit der größten Geduld und Liebe hin."[43]

Aber es war nicht nur Werners besondere Begabung im Umgang mit Kindern, die ihn bewog, eine Kleinkinderschule zu

[42] Flad, Max: Frohe Zeit in Biberach. Erinnerungen von Marie Becker geb. Müller (1830–1914) an ihre Kindheit in Biberach, in: Heimatkundliche Blätter für den Kreis Biberach, 15. Jg., Heft 1, 10. Juni 1992, 24. Es handelt sich bei der Autorin um eine Enkelin von Pfarrer Landerers zweiter Frau, Marie Becker, geb. Müller, die ihre Ferien häufig in Walddorf verbrachte.

[43] Ebd.

gründen. Es war auch die „mannigfache Verwahrlosung der Kinder". Werner war also – wie sein großes Vorbild Oberlin – von einer konkreten Notlage angerührt. Zwar ist nicht klar, wie diese in Walddorf genau aussah. Aber es ist davon auszugehen, dass sich die Not, die auch an anderen Orten Württembergs zur Gründung von Kleinkinderschulen führte, sich in Walddorf wie anderswo im Land darstellte: In einer wirtschaftlich schwieriger gewordenen vorindustriellen Situation sahen sich viele zur damaligen Zeit gezwungen, als Tagelöhner Geld zu verdienen. Oft konnten die im Tagelohn Arbeitenden sich nicht genügend um ihre Kinder kümmern und mussten diese allein in der Wohnung zurücklassen. Kein Wunder, dass viele Kinder verwahrlosten. Bereits Oberlin, das große Vorbild Werners, hatte aus diesem Grund den ersten Kindergarten, „salle d'asile" (Zufluchtstätte), wie er ihn nannte, ins Leben gerufen. Im Königreich Württemberg war 1829 die erste Kleinkinderschule gegründet worden, 1849 gab es in Württemberg 99 solcher Einrichtungen. Der wirtschaftliche Vorteil für die Eltern lag darin, dass sie durch die Aufsicht ihrer Kinder nicht gebunden waren und ihrer Arbeit nachgehen konnten, modern gesprochen, dass sich für sie Arbeit und Familie vereinbaren ließen. Die Kinder wiederum waren sich nicht selbst überlassen und konnten erzogen und frühkindlich gefördert werden. Gustav Werner selbst äußerte 1839, dass man, um bleibende Eindrücke bei jungen Menschen zu hinterlassen, sie schon in der Kindheit „anfassen" müsse, weil sich dort der Charakter bilde. Dafür „erschien mir als das einzig entsprechende Mittel die Errichtung einer Kleinkinderschule, deren Bedeutsamkeit mir immer klarer wurde; denn abgesehen von der Verstandeserweckung, Belehrung, Zucht, Bewahrung vor physischen und geistige Übel und so mancherlei anderen Vorteilen, die solche Anstalten der Kindheit gewähren, erkenne ich den ersten Zweck und den größten Segen derselben darin, daß sie dem Kind *bleibende* Eindrücke für Gutes und Wahres geben". (171) Es ging Werner also um weit mehr als um „Aufbewahrung" der Kinder, es ging ihm vor allem um Charakterbildung im christlichen Sinne.

Um dieses Ziel zu erreichen, hing alles daran, geeignete Persönlichkeiten zur Erziehung der Kinder zu finden. Werner selbst hätte diese Aufgabe allein neben seinen vielfältigen Aufgaben als Vikar überhaupt nicht schultern können:

> Meine Hauptsorge ging darauf, tüchtige Lehrerinnen zu gewinnen, deren ich für Walddorf zwei benötigt war; denn hierauf kommt alles an (...); die Lehrerin – denn das Weib besitzt meiner Meinung nach allein die nötigen Fähigkeiten für solche Anstalten – muß in einem geistigen Leben stehen; das Kind soll lebendige Eindrücke empfangen, und es ist noch zu einfach und natürlich, als daß Worte ohne Leben ihm solche Eindrücke schaffen könnten, und zu schwach, dieselben sich selbst zu machen. Ich konnte mich daher nie entschließen, eine Person zu einer Lehrerin anzunehmen, die Gewinn dabei suchte; auch einer unbekannten Person, auf bloße Empfehlung hin, dieses Amt anzuvertrauen, würde mir schwer fallen; (...). (172)

Und Werner fand, was er suchte: Die geachtete Walddorferin Maria Agnes Jakob (1800–1846), auch „Bäsle" genannt, war die geeignete Lehrerin. Sie war von Beruf Näherin und eine eifrige Hörerin der Predigten Werners. Unter deren Eindruck war bei ihr offensichtlich der Entschluss herangereift, ein soziales Christentum zu leben und Werner als Leiterin der geplanten Schule zur Verfügung zu stehen. Sie tat es, obwohl ihr viele im Dorf von diesem unsicheren Unternehmen abrieten, das manchem auch nicht fromm genug erschien. Werner ließ das Bäsle im Seminar der Kleinkinderschule in Tübingen ausbilden und sie in Reutlingen das Stricken und Häkeln lernen. Als Gehilfin für das Bäsle konnte er deren Nichte gewinnen, Rosine Barbara Jakob (1820–

1879), auch „Rosebäbele" genannt. Später kamen als Lehrerinnen noch Anna Dorothea Schäfer, genannt „Annedorle" und Barbara Welsch, das „Bäbele", hinzu. Ohne solche Frauen an seiner Seite hätte Werner sein diakonisches Werk überhaupt nicht beginnen und aufbauen können.

Kurze Zeit nachdem Werner im Gottesdienst die Eröffnung der Kleinkinderschule angekündigt hatte, wurde diese feierlich eröffnet. Die Kramladenbesitzerin Charlotte Nagel, eine Anhängerin Werners, hatte für die Kleinkinderschule in ihrem Haus zwei Räume kostenlos zur Verfügung gestellt. Eine Augenzeugin berichtet rückblickend von der Einweihungsfeier: „(...) Wir Kinder hatten die große Freude, die Einweihung mitmachen zu dürfen. Es ist mir alles noch so gegenwärtig, als wäre es gestern gewesen. Meine Mama und Frau Notar Wiedersheim übernahmen das Backen von Dampfnudeln, Großmama stellte ungeheure Portionen von gekochtem Schnitz und Zwetschgen. Je zwei Kinder aßen zusammen aus einem Teller; ein kleines Bauernmädchen war meine Partnerin. Nach dem Festmahl war Umzug auf dem Kirchplatz mit Gesang."[44]

Nach dieser festlichen Einweihung konnte die Kleinkinderschule beginnen, die fortan von achtzig bis hundert Kindern besucht wurde. Werner selbst gibt einen Einblick in den „Lehrplan" und die Methoden der Kleinkinderschule: „Die Kleinen werden unterhalten mit Singen, Auswendiglernen von leichten Psalmen, Sprüchen und Liedern, Zählen, Malen auf die Tafel, Buchstabenkenntnis, Erzählung von Geschichten, namentlich aus der heiligen Schrift, was ihnen besonders viel Freude macht; für Spielzeug ist hinlänglich gesorgt. Das Lernen dauert immer nur kurz, sie ler-

[44] Flad, a. a. O., 24. Die Autorin Marie Becker, geb. Müller verwechselt im Rückblick allerdings die Einweihung der Kleinkinderschule, um die es sich hier dreht, mit der Aufnahme verwaister Kinder, die erst ein Jahr später begann.

nen aber äußerst leicht, da es gemeinschaftlich geht; was sie zu Hause in einer Stunde, und dann mit Widerwillen und Verdruß, lernen, haben sie hier in einer Viertelstunde inne, und dann ist's ihnen wie ein heiteres Spiel. Sobald sie beim Lernen Unlust merken lassen, hört man auf und läßt sie spielen oder führt sie ins Freie"(174).

Nur kurze Zeit später begann Werner auch mit einer Industrieschule in den gleichen Räumen wie die Kleinkinderschule. Das „Bäsle" und Barbara „Bäbele" Welsch unterrichteten etwa achtzig Mädchen zwischen sechs und vierzehn Jahren im Nähen, in Strick- und Häkelarbeiten sowie im Spitzenklöppeln. Der Unterricht fand außerhalb der Schulzeit statt.

Der Begriff „Industrieschule" ist etwas missverständlich. Denn die Schule war nicht auf die in den 1830er Jahren in Deutschland erst in Ansätzen vorhandene Fabrikindustrie ausgerichtet, sondern sie sollte der Förderung von Fleiß (lateinisch: *industria*) und Handfertigkeit dienen. Die erste Industrieschule war vom Birkacher Pfarrer Friedrich Wilhelm Kohler (1754–1810) im Jahr 1795 ins Leben gerufen worden. In seiner Industrieschule lernten Mädchen das Spinnen und konnten sich damit eine Grundlage für einen Nebenerwerb schaffen. Einer der wichtigen Aufgaben der Industrieschule war für Kohler aber auch, die Mädchen an die Arbeit zu gewöhnen: Denn: „Der Mensch ist zur Arbeit erschaffen. Arbeit ist ein großer Segen für die Menschen. Regelmäßige Arbeit stärkt unsere Gesundheit, weckt und vermehrt die Kräfte des Leibes und der Seele, ordnet unsere Gedanken und Begierden, macht heitere und frohe Menschen."[45] Sätze, die man sich gut auch im Mund von Gustav Werner vorstellen könnte. Auch für ihn galt nebst der Religion die Arbeit als das beste Erziehungsmittel.

[45] Zitiert bei Borst, Otto: Leitbilder und geistige Arbeitskräfte, in: ders., (Hg.), Wege in die Welt. Die Industrie im deutschen Südwesten seit Ausgang des 18. Jahrhunderts, Stuttgart 1989, 16.

Seit 1820 wurden mit staatlicher Unterstützung in ganz Württemberg systematisch Industrieschulen aufgebaut. Es waren Schulen außerhalb des allgemeinen Schulsystems. Die Regierung förderte sie finanziell. Sie hoffte, mit ihrer Hilfe der Armut und Verwahrlosung von Jugendlichen aus den sozialen Unterschichten entgegenzuwirken und sie an Pünktlichkeit und Ausdauer bei der Arbeit zu gewöhnen. Darüber hinaus sollten Jugendliche an Fertigkeiten für die Hausindustrie herangeführt werden. Das war der „sozialpolitische" Hintergrund aller damaligen Industrieschulen in Württemberg. In der Mitte des Jahrhunderts gab es sie dann an fast allen Orten. Insofern war Werners Gründung einer Industrieschule Teil einer allgemeinen Antwort auf die Verarmung breiter Bevölkerungsschichten.

1838 begann Werner neben den beiden Schulen in Walddorf eine Kleinkinderschule in der Filialgemeinde in Rübgarten und übernahm dort die bereits bestehende Industrieschule.

Im selben Jahr 1838 starb in Walddorf eine Mutter von sechs Kindern und Frau eines Tagelöhners. Als Werner die Beerdigungsansprache für sie hielt, standen sechs unversorgte Kinder um das Grab. Der Vikar appellierte an die Zuhörer, nun ein Christentum der Tat zu beweisen und die Kinder in die Familien aufzunehmen. Aber sein Bitten und Betteln konnte keine der Walddorfer Familien erweichen.

> Während ich aber meine Zuhörer anklagen wollte, klagte mich mein Gewissen gleicher Schuld an, und sagte mir, daß ich zuerst selbst tun solle, was ich von meinen Zuhörern verlange, und so beriet ich mich mit meiner Klassenlehrerin [dem Bäsle, HZ], ob sie nicht geneigt wäre, das kleinste, der Pflege am meisten bedürftige Kind aufzunehmen: ich wollte ihr dann das Kostgeld für dasselbe bezahlen; sie erklärte sich bereit dazu, und so nahm ich das erste verwahrloste Kind auf (...).[46]

Nun war Werner noch einen Schritt weitergegangen als bei der Gründung der Schulen. Die Aufnahme des zweijährigen Kindes war die Geburtsstunde einer „Rettungsanstalt" für elternlose Kinder. Denn bald kamen zu dem Kind der Tagelöhnerfrau noch weitere Kinder hinzu. Als Werner aus Walddorf wegging, war deren Zahl auf zehn angewachsen. Aus diesen bescheidenen Anfängen erwuchs später ein großes diakonisches Werk.

Damit hatten die zwei Räume im Haus der Kramladenbesitzerin Charlotte Nagel nicht nur eine Kleinkinder- und Industrieschule, sondern auch zugleich eine Kinderanstalt zu beherbergen. Damit waren die Räumlichkeiten zu klein geworden. Als die Gemeinde Walddorf deshalb 1839 ein Gemeindebackhaus baute, durfte Gustav Werner ein Stockwerk daraufsetzen. Dieses enthielt einen größeren Saal, der als Schulsaal und Wohnzimmer diente, sowie eine Schlafkammer.

Man fragt sich, wie Werner das alles mit seinem schmalen Vikarsgehalt bezahlen konnte. Es gelang, wie man heute so schön sagt, durch eine „Mischfinanzierung": Die Gemeinde Walddorf gab ihm zweihundert Gulden für den Bau des Stockwerks auf das Backhaus und zusätzlich eine bestimmte Holzmenge zum Heizen der Stube. Die Zentralleitung des Wohltätigkeitsvereins, das zentrale Armenfürsorgeinstitut Württembergs, bezuschusste die Industrieschule und überwies einen Betrag für den Bau. Eine kleinere Summe wurden von den Eltern der Kinder aufgebracht. Den größten Teil der Kosten aber musste Werner aus Spenden bestreiten. Diese kamen zum Beispiel aus dem Württembergischen Königshaus und von den Textilfabrikanten Fréderic und Daniel Legrand aus dem Elsass. Deren Vater war von Oberlin dazu bewogen worden, ein Textilunternehmen aufzubauen. Seine Söhne sahen in Werner den geistigen Nachfahren Oberlins

---

[46] Sendbrief an die Brüder aus dem Mutter-Hause, März 1856, 380.

und unterstützten ihn mit größeren Geldspenden und mit Handarbeitsmaterial, womit die Kinder beschäftigt werden konnten.

Eine Einnahmequelle ganz eigener Art erwuchs Werner aus seinen Vorträgen, die er auswärts hielt. Schon früh hatte sich sein Ruhm als Prediger über Walddorf hinaus verbreitet. Er rückte ins Licht der Öffentlichkeit, und die Presse begann, sich mit ihm zu beschäftigen. Bald kamen Einladungen von außerhalb Walddorfs zu Vorträgen und Predigten. Die Spenden, die nach seinen Vorträgen gegeben wurden, brauchte Werner dringend für seine diakonischen Tätigkeiten. Auch deshalb begann er im Jahr 1839 mit „Reisepredigten", als deren Folge sich Gruppen von Anhängern in einzelnen Orten bildeten.

Nun aber geriet Werner ins Kreuzfeuer der Kritik. Die Zeitung „Der Beobachter" griff ihn in seiner Ausgabe vom 22. September 1839 massiv an: „Nicht genug, daß er seine Predigten, unbedeutende Produkte geistlicher Beredsamkeit, wie sie jeder mit dem Prädikat Mittelmäßigkeit ausgestattete Geistliche liefert, unter dem neuerfundenen Titel ‚Reden aus dem Wort' dem Drucke übergibt; er wandert auch in unserem lieben Württemberg umher und hält Konventikel in Dörfern und Städten. Besonders ist es die Kreisstadt Reutlingen, die er sich zum Schauplatz seiner Wirksamkeit ausersehen hat. Er begann auch hier damit, einen Konventikel zu halten, oder in edlerer Sprache die Sache ausgedrückt, einen Kreis heilsbegieriger Damen um sich zu sammeln; er hatte viel Zulauf, das läßt sich denken, wie ja besonders auf religiösem Gebiet alles, was uns einigermaßen neu oder sonderbar oder originell zu sein scheint, stets Glück gemacht hat. Ein gewöhnliches Lokal reichte nicht mehr aus, deswegen sollen sich kürzlich etliche vierzig Frauen eine der hiesigen Kirchen für ihre Erbauung erbeten haben. Man hofft, daß nun, nachdem die Sache zur amtlichen Kenntnis der zuständigen Behörde gekommen ist, dem ganzen Unfug ein Ende gemacht werde, denn nach den bestehenden Verordnungen, darf weder ein Pfarrgehilfe noch ein Auswärtiger Stunden und Konventikel halten; denn man kann nicht glauben, daß es von seiten dieser Behörde galante Rücksicht auf Damen- oder Rangverhältnisse gewesen sei, die sie bisher verhindert hat, einzuschreiten, sondern das Nichtwissen über die Sache."(75) Der Schreiber forderte also die Behörden direkt auf, Werner seine Vorträge außerhalb von Walddorf zu verbieten. Bei den „bestehenden Ordnungen", auf die er verwies, handelt es sich um die Bestimmungen des „Pietistenreskripts" aus dem Jahr 1743. Nach diesem war keinem Auswärtigen das Abhalten von Erbauungsstunden erlaubt. Wenn Werners Vorträge trotzdem geduldet würden, unterstellte der Autor in subtiler Weise, dann wohl aus Rücksicht auf den hohen Stand von Werners Vater. In späteren Artikeln führte man gegen Werner auch an, er würde die Lehre des „Ketzers" Swedenborg verbreiten: „Was aber seine [Gustav Werners] gedruckten Sachen betrifft, so ist neben der sonstigen Mittelmäßigkeit das Ausgezeichnete derselben nur in den aus Swedenborgischer Küche aufgelesenen Brocken zu suchen und in dem faustdicken Unsinn, der aus so manchem ihrer Blätter uns entgegenqualmt."(76 f.)

Die Auseinandersetzung tobte drei Monate lang hin und her. Sie glitt immer mehr ins Persönliche ab. Anhänger Werners meldeten sich zu seiner Unterstützung zu Wort. So erklärten die Schultheißen von Walddorf, Häslach, Rübgarten und Gniebel, „daß sich Herr Vikar Werner während seines mehrjährigen hiesigen Aufenthalts durch die Gründung zweier Kleinkinderschulen hier und zu Rübgarten, deren wohltätiger Einfluß auf die zärtere Jugend unverkennbar ist, durch unermüdete Tätigkeit und aufopfernde Berufstreue allgemeine Liebe und Hochachtung erworben hat und daß sein vielseitiges gesegnetes Wirken noch in späteren Zeiten dankbare Anerkennung finden wird".(75)

Die Kirchenleitung versuchte den Konflikt zunächst „auszusitzen“ und von Amts wegen nichts zu unternehmen.[47] Der öffentliche Druck, im Wesentlichen aus dem Lager der Pietisten, wurde aber immer stärker. So kam es schließlich doch dazu, dass Werner in einem Schreiben des Konsistoriums vom 21. November 1839 mitgeteilt wurde, dass es ihm verboten sei außerhalb von Walddorf „Privatversammlungen zu leiten und Privaterbauungsstunden zu halten“ (80).

Werner wollte dies nicht hinnehmen. An das Dekanatamt schrieb er am 3. Dezember 1839:

> Da nun aber dies [Verbot] von der hohen Behörde ausgesprochen ist, so wird dadurch meiner religiösen Freiheit und Wirksamkeit eine Beschränkung auferlegt, welche ich mit meinem Gewissen und den Zwecken meines Berufes als Christ und Prediger nicht zu vereinigen weiß. (...) Ich sehe mich daher genötigt, das Königliche Evangelische Konsistorium zu bitten, daß es Vorkehr treffe für die Besetzung der Vikariatsstelle zu Walddorf, die ich andurch in die Hand des Hochwürdigen Dekanat-Amts zurückgebe. (82)

Das Konsistorium enthob ihn daraufhin seines Amtes, ließ ihm aber mitteilen, dass er so lange sein Vikariat zu versehen habe, bis ein Nachfolger in Walddorf seine Stelle antrete. Damit war der Konflikt Werners mit seiner Kirche aber nicht zu Ende, sondern

[47] Das ist etwa aus einem Schreiben des Generalsuperintendenten Christian Haas (1779-1841), der auch Ehrenmitglied des Konsistoriums war, zu erschließen (abgedruckt bei Schäfer, Reich Gottes, 78.) Haas schreibt unter anderem: „Der ärgerliche Federkrieg im Beobachter ließ anfangs besorgen, daß die Oberkirchenbehörde von der Wernerschen Sache werde Notiz nehmen müssen. Da aber der Streit mehr und mehr ins Persönliche übergeht und gegen Werner keine eigentliche Beschuldigung von Sektiererei oder andere gefährliche Umtriebe nachgewiesen werden, so wird wohl von Amtswegen nichts geschehen.“

er sollte sich zehn Jahre später noch zuspitzen. Nun aber musste er zunächst seine Vikariatsstelle aufgeben.

Die meisten in Walddorf dürften es sehr bedauert haben, dass ihr inzwischen weit über ihre Gemeinde hinaus bekannter Vikar sie verlassen würde. Einige aber waren darüber froh. Dazu gehörten große Teile der Pietisten, denen Werner verdächtig war, weil er in seinen diakonischen Anstalten, wie sie ihm vorwarfen, zu sehr aufs Äußere bedacht sei und die Kinder heiter spielen lasse und sie nicht zu größerem Ernst erziehe. Auch hielten sie ihm vor, Swedenborgsche Gedanken in seinen Predigten zu verwenden. Mit letzterem hatten sie übrigens Recht, auch wenn man von heute aus fragen muss, ob dies wirklich gegen Werner sprach. Hätte man nicht gelassener und großzügiger mit dieser Ausprägung evangelischen Glaubens umgehen können?

Sein Lehrpfarrer Landerer war dankbar, dass sein rastloser Vikar von der Gemeinde wegging. Er war ihm zu anstrengend geworden und er hatte wohl auch darunter gelitten, dass Werner mehr Erfolg hatte als er selbst. An seinen Dekan in Tübingen schrieb er am 6. Februar 1840: „Stein (Werners Nachfolger als Vikar in Walddorf) … könnte also schon am 16. d. M. seinen ersten Amtssonntag in Walddorf halten. Ich kann Ihnen nicht ausdrücken, wie sehr ich mich nach einer Änderung der Dinge sehne."[48]

Am 14. Februar 1840 war es soweit. Werner zog mit „seinen" zehn Waisenkindern und den beiden Lehrerinnen, dem „Bäsle" (Maria Agnes Jakob) und dem „Bäbele" (Barbara Welsch) von Walddorf weg – mit zwei Handwagen mit spärlichem Gepäck beladen und nur wenigen Gulden in der Tasche. Der reiche Walddorfer Löwenwirt soll bei Werners Aufbruch geäußert haben: „Jetz kann ma doch am Sonntig wieder ruhig z' Mittag essa."[49]

---

[48] Zitiert bei Krauß, Pfarrer Landerer, a. a. O.
[49] Wurster, 93.

Offensichtlich hatten Werners gesalzene Predigten mit ihrer Botschaft der tätigen Nächstenliebe nicht allen geschmeckt.

Die Schulkinder von Walddorf sangen den „Auswanderern“ das Lied von Paul Gerhardt „Befiehl du deine Wege“. Die Wege führten Werner und seine Schar zunächst nach Reutlingen.

„Eine Pflanzstätte christlichen Lebens" – Der Aufbau der Anstalt in Reutlingen (1840–1850)

Bis 1802 war Reutlingen ein halbes Jahrtausend lang freie Reichsstadt gewesen. Eine Stadt der Weingärtner, Gerber und Färber, und nicht zuletzt eine Hochburg des Protestantismus. Neben Nürnberg war sie die einzige Reichsstadt, die 1530 auf dem Augsburger Reichstag die „Confessio Augustana", das protestantische Glaubensbekenntnis, mitunterzeichnete. Bis 1802 konnte man in der Stadt nur dann das Bürgerrecht bekommen, wenn man die „Confessio Augustana" anerkannte. Im Zuge der politischen Neuordnung Deutschlands und der territorialen Umgestaltung hatte Reutlingen seine Selbstständigkeit als Reichstadt eingebüßt und war 1803 an Württemberg übergegangen. Nach dieser Eingliederung wurde Reutlingen eine von 64 Oberamtsstädten in Württemberg, vergleichbar im Status mit den heutigen Kreisstädten, und Sitz der Regierung des Schwarzwaldkreises und damit Verwaltungsmittelpunkt der Region. 1840, als Werner nach Reutlingen kam, hatte die Stadt rund 11 700 Einwohner.

Es verwundert nicht, dass sich Werner gerade nach Reutlingen aufmachte. Hier konnte er mit seinem Appell an die diakonische Verantwortung an den bürgerschaftlich-sozialen Geist der freien Reichs- und Reformationsstadt anknüpfen. Und noch wichtiger war, dass in Reutlingen sein Vater, der inzwischen zum Finanzkammerdirektor des Schwarzwaldkreises aufgerückte Johannes von Werner, wohnte. Dieser konnte ihm aufgrund seines großen

Einflusses in der Stadt Türen öffnen und ihm selbst beratend zur Seite stehen. Es ist zu vermuten, dass ihm sein Vater auch die Mietwohnung besorgt hatte, in der Werner bei seiner Ankunft mit den zehn Waisen und den zwei Helferinnen zunächst einmal unterkam: Eine 5-Zimmer-Wohnung gegenüber dem Wirtshaus am See wurde das Domizil seiner Anstalt.

Die Zahl der Kinder in der Anstalt nahm schnell zu. Bald waren es nicht mehr allein elternlose Kinder, es kamen auch behinderte und verhaltensauffällige hinzu. Von einem der aufgenommenen Kinder berichtet ein damaliger Besucher der Anstalt: „Eines derselben, jetzt ein Knabe von fünf Jahren, fand *Werner* in der traurigsten Verwahrlosung. Seinen Verwandten war das Kind eine Last, und Härte und Gleichgültigkeit in der Behandlung, neben einer Kost, die außer Kartoffeln, Wasser und Branntwein nichts bot, hatten den vierjährigen Knaben bereits so entmenschlicht, daß sein Angesicht und sein ganzes Wesen mehr dem Tierreiche anzugehören schien. In den Armen der Liebe, die den Knaben nun seit einem Jahr umfangen, bei der freundlichen Behandlung, die er erfährt, und bei der guten regelmäßigen Kost, die er erhält, ist er ein ganz anderes Wesen geworden. Sein Körper ist erstarkt, sein Herz ist erwärmt, seine Liebe ist erwacht und mit ihr der glückliche jugendliche Frohsinn.“[50]

1841 waren es bereits zwanzig, 1843 fünfzig Kinder. 1848 galt es, schon achtzig Kinder zu versorgen. Es sprach sich in Württemberg herum, dass Werner in Reutlingen Kinder ohne große Vorbedingungen aufnahm. Deshalb wurden aus allen Teilen des Landes Kinder zu ihm gebracht, teilweise unter abenteuerlichen Umständen. So sandte ihm der Schultheiß eines Ortes einen großen Kochkessel. In den Kochkessel hatte man ein Kind gesetzt

[50] Werner, Heinrich: Drei Tage im Hause Gustav Werners, des Reisepredigers. Ein Beitrag zur Verständigung über ihn, Ulm 1843, 35. Trotz Namensgleichheit war der Autor mit Gustav Werner nicht verwandt.

und einen Brief beigelegt. Der Schultheiß erklärte in dem Brief, Werner bekomme den Kessel umsonst, wenn er das Kind aufnehme.[51]

Geleitet wurde Werner in seiner Erziehung der Kinder von den Grundsätzen einer „Pädagogik der Liebe". Körperliche Züchtigung gab es in seiner Anstalt so gut wie keine. 1860 schrieb er:

> Ich finde überhaupt immer mehr durch ermunternde Erfahrungen bestätigt, daß naturgemäße, durch Liebe getragene Verhältnisse das meiste zur Besserung der Menschen, namentlich der Jugend, beitragen, und die meisten verwahrlosten Opfer verkehrter Verhältnisse und schlimmer Behandlung sind – Verlorene, welche durch die Treue und Weisheit der göttlichen Liebe wieder gefunden werden können. Ich habe hier als Vater über hundert Kinder, die mir zum Teil als ganz verdorben übergeben wurden, zu erziehen, und hab seit Jahren keine körperliche Züchtigung mehr angewendet. Ein ernstes Wort tut meist die genügende Wirkung; manchmal werden ihnen Freuden und Genüsse entzogen.(452)

Mit den Spenden, die er nach seinen Vorträgen erhielt, und denen einzelner Gönner sorgte Werner für Nahrung und Kleidung für seine Zöglinge. Kostgelder standen ihm in den Anfangszeiten kaum zur Verfügung. 1841 pachtete er einen Acker und kaufte eine Kuh. Mit der Pachtung weiterer Grundstücke in den folgenden Jahren wurde der Viehbestand vermehrt. Dies war für die Anstalt der Grundstock der Eigenversorgung mit Lebensmitteln, der vor allem ab dem zweiten Jahrzehnt in den Wernerschen Anstalten eine wichtige Rolle spielen sollte. Seit 1843 nahm die materielle Not auf dem Land in Württemberg aufgrund einer Kartoffelkrankheit spürbar zu; es kamen nun zu den Kindern auch

[51] Vgl. Wurster, a. a. O., 115.

die ersten verarmten und gebrechlichen Erwachsenen in Werners Haus.[52]

Unterstützt wurde Werner in seiner Anfangszeit von so genannten „Jungfrauenvereinen". In ihnen trafen sich wöchentlich rund achtzig engagierte unverheiratete junge Frauen aus mittleren und niederen Ständen. Bei ihren drei Treffen in der Woche fertigten sie Handarbeiten an. Vor ihrer eigentlichen Erwerbsarbeit – im Sommer um vier Uhr früh, im Winter um fünf Uhr früh – kamen sie in Werners Räumen zusammen. Werner schreibt 1859: „Da ich hier am Sonntag Vorträge hielt, die hauptsächlich die Belebung des tätigen Christentums bezweckten, so bildete sich hier ein Verein von Jungfrauen, die einige Stunden in der Woche für die Anstalt arbeiteten; der Erlös aus ihren Arbeiten machte es möglich, eine zweite Kuh anzuschaffen und einige Grundstücke zu pachten. So bildete sich nun eine kleine Landwirtschaft, mit welcher ich hauptsächlich meine Knaben beschäftigte."(441)

Die Landwirtschaft hatte also neben der Versorgung mit Lebensmitteln noch einen zweiten Zweck: Sie diente als Beschäftigungsfeld für die zum Teil „schwierigen" Jungen seiner Anstalt. Wir würden heute wohl von „Beschäftigungstherapie" reden, ein Begriff, der Werner natürlich gänzlich fremd war und bei ihm wohl nur ein ungläubiges Kopfschütteln hervorgerufen hätte. Aber er war sich bewusst, dass Arbeit für Menschen mehr bedeutet als den Lebensunterhalt zu bestreiten.

> Es erschien mir dieser Gedanke immer zweckmäßiger, indem die Arbeit nicht nur eines der besten Erziehungsmittel ist, welches eine Anstalt gar nicht entbehren kann, sondern die mit der Arbeit gegebene Verpflichtung der Selbsterhaltung vor der

---

[52] Vgl. Merkh, Nane: Einige Züge aus der Geschichte des Bruderhauses, geschildert aus der Erinnerung, Reutlingen 1881, 35f.

Erschlaffung schützt, welcher die Leiter wie die Kinder der Anstalten so oft anheimfallen, auch alle Kräfte weit eher zur Entfaltung und Tätigkeit weckt, als dies der Fall ist, wenn sie von der Wohltätigkeit getragen werden, die meistens doch auch ermattet. Der Gedanke befestigte sich nach und nach in mir zum Grundsatz, demzufolge die Anstalten sich selbst erhalten müssen, welchen Grundsatz ich bisher festgehalten habe, und demselben habe ich hauptsächlich die Lebenskraft und Ausdehnung meiner Anstalten zu verdanken. (441)

Einige der jungen Frauen des „Jungfrauenvereins" erklärten sich bereit, die Kinder in einer Näh- und Strickschule zu unterrichten, die Werner schon sehr bald nach seiner Ankunft in Reutlingen eingeführt hatte. Was Werner in Walddorf als Industrieschule bezeichnet hatte, das nannte er hier Näh- und Strickschule: „Da in hiesiger Stadt die Strickerei lebhaft betrieben wurde, so ließ ich die Kinder in diesem Industriezweig unterrichten, um Beschäftigung für sie zu erhalten und zugleich Mittel für ihren Unterhalt."(441) Dass die Strickerei in Form der Hausindustrie damals in Reutlingen eine große Rolle spielte und sehr verbreitet war, macht ein Bericht des Reutlinger Bürgermeisters an die Zentralstelle für Handel und Gewerbe aus dem Jahr 1835 deutlich: „Mit Stricken beschäftigen sich hier 1000 Weibspersonen, welche jährlich 60000 Hauben und ebenso viele Beutel liefern für hiesige Kaufleute, welche dieselben in die Zollvereinsstaaten, die Schweiz sowie auch nach Nordamerika liefern."[53] Viele Reutlinger Familien waren auf den Nebenerwerb der Frauen angewiesen, besonders die Weingärtner, deren Ernte leicht einmal verhagelt sein konnte. Werner selbst hatte mit der Strickerei einen bescheidenen Anfang gemacht, seine diakonische Anstalt finanziell auf eigene

[53] Zitiert bei Thoma, Hermann: Die wirtschaftliche Entwicklung der Stadt Reutlingen, Reutlingen 1929, 51.

Albertine Werner im Kreise von Hausgenossinnen (1880)

Beine zu stellen, um nicht allzusehr auf öffentliche Unterstützung angewiesen zu sein. Er richtete einen kleinen Vertrieb mit Strickwaren ein. Man muss jedoch realistisch sehen, dass die Arbeit der Kinder und der Mitarbeiterinnen in den ersten Jahren keinen allzu großen Ertrag abwerfen konnte und Spenden lange Zeit die Haupteinnahmequelle blieben. Erst in späterer Zeit, ab etwa 1853, entstand in der Wernerschen Anstalt ein gutgehendes, Strickwarengeschäft, das ansehnliche Gewinne erbrachte.

Wie in seiner Walddorfer Zeit bemühte sich Werner aber nicht nur um den Aufbau seiner diakonischen Anstalt, sondern hielt auch religiöse Vorträge. Diese fanden zunächst in der angemieteten Wohnung statt. Als sich aber von Mal zu Mal ein immer größeres Publikum einfand – der weit überwiegende Teil war Frauen –, wich man auf den Dachboden des Hauses aus. Nun bekam der Besitzer des Hauses Angst. Er befürchtete, dass die Statik des Hauses nicht für die große Menschenmenge gedacht sei und das Haus unter dem Gewicht zusammenbrechen könnte. Werner sprach mit einem Nachbarn darüber. Dieser sagte – wohl halb im Spaß – sein Schafstall stehe gerade leer, er könne ihn für den Gottesdienst zur Verfügung stellen. Werner begutachtete den Schafstall und nahm das Angebot an. Man versah den Raum mit Sitzbänken, einer Kanzel und einem Altar und feierte fortan im Schafstall die religiösen Versammlungen. Ein Schafstall als Kirchenraum! Johannes von Werner begleitete den Gottesdienst am Harmonium. Vierhundert bis fünfhundert Menschen fanden Platz. Aber was bereits in Walddorf der Fall war, geschah dann auch hier: Der Raum konnte die wachsende Zuhörerschaft oft nicht fassen. Manche mussten vor der Tür bleiben.[54] Am Sonntag wurden drei Versammlungen abgehalten, die Woche über vier weitere.

Nicht nur für das Abhalten religiöser Versammlungen war die Mietwohnung zu klein geworden, sondern auch als Wohnraum für die ständig wachsende Kinderschar. So erwarb Gustav Werner bereits 1842 für 13000 Gulden ein größeres Wohnhaus, auf dem Stadtgraben in der Lederstraße in Reutlingen mit Garten und Baumgut. Mit inzwischen dreißig Kindern und fünf Mitarbeiterinnen bezog er das Haus. „Das Haus, ursprünglich einem Gerber gehörig, mußte für die Anstalt erst eingerichtet werden, was manche Kosten verursachte. Mit dankbarer Freude zogen wir an Jakobi ein. Nun erst schien mir meine Anstalt festen Boden gewonnen zu haben; ich ging jetzt von dem Vorsatz, sie auf 40 Kinder zu beschränken, ab, da ich soviele Bedürftige sah und Gottes Segen mein Unternehmen sichtbar unterstützte. Es wurde mir klar, daß ich der Liebe keine Schranken setzen dürfte, wie auch der Heiland niemand von sich stößt, der zu ihm kommt; es wurde

[54] Allerdings ist die Zahl der Besucher auch bald wieder ziemlich zurückgegangen (vgl. Schäfer, Reich Gottes, 255).

denn auch zum Grundsatz in mir erhoben, meine Teppiche und Seile so weit auszudehnen, als Gott mir Mittel schaffe zur Erhaltung der Hilfsbedürftigen. Das Haus wurde nach und nach um ein starkes Drittel vergrößert, eine Scheune gebaut, der Viehbestand bis zu 20 Stücken, die Äcker bis auf 30 Morgen erhöht; die Mittel hierzu wurden teils durch Arbeit erworben, teils durch Anlehen aufgebracht. Die Zahl der Kinder stieg nach und nach auf 80."(441 f.)

Das neue Haus löste auch den Schafstall als Veranstaltungsraum ab. Werner gab dem Haus den Namen „Gotteshilfe". In einem Brief an Johann Hinrich Wichern vom 7. Februar 1846 schreibt er: „Die Folge meiner religiösen Richtung war die Errichtung einer Rettungsanstalt, da ich, was ich predigte, auch durch die Tat beweisen wollte, ich gab der Anstalt, die ich gründete den Namen ‚Gottes Hilfe' – ich konnte auf keine menschliche Hilfe rechnen; die Frommen wandten sich fast alle von mir ab, dem Reichen schien mein Wirken verächtlich, den Hohen verdächtig, so war ich einzig auf den Herrn gewiesen, der mich noch nie verlassen, vielmehr mein Tun reichlich gesegnet hat."(188)

Ein Augenzeugenbericht aus dem Jahr 1843[55] erlaubt uns einen Blick auf den Tagesablauf der Wochentage im Haus: Um fünf Uhr hielt Werner vor den Erwachsenen die Morgenandacht, dem sich dreißig bis vierzig junge Frauen aus der Stadt anschlossen. Während des Vortrages von Werner über einen Bibeltext fertigten die jungen Frauen zum Verkauf bestimmte Handarbeiten. – Offensichtlich war es Werner fast unmöglich, einmal von der Arbeit abzusehen. Selbst die Zeit der Andacht nützte er dafür! Um sechs Uhr wurden die Kinder geweckt und angezogen, ehe man gemeinsam frühstückte. Um sieben Uhr begaben sich die älteren Kinder in die Schule, die nichtschulpflichtigen Kinder verfertig-

[55] Werner, Heinrich, a. a. O., 49–52.

ten mit den Frauen des Hauses Handarbeiten, die verkauft werden konnten. Nach dem Mittagessen, das mit Gesang und Gebet beendet wurde, gab es freie Zeit, welche die Kinder unter „allerlei Spielen und körperlichen Übungen im Haus, Garten und Hof fröhlich verbringen". Bis zum Abendessen mussten alle bei der Arbeit in Feld und Hof mithelfen. Nach dem Abendessen machten die Schulkinder ihre Hausaufgaben, jüngere Kinder hatten frei. Im Anschluss an das gemeinsame Abendgebet und den Segen gingen die Kinder um 21.00 Uhr zu Bett. Werner selbst betete mit den Kindern, segnete sie und gab jedem Kind noch einen Gutenachtkuss. Dreimal in der Woche hielt Werner für die Kinder nachmittags Religionsunterricht.

Werners ursprüngliche Absicht war es eigentlich gewesen, in Reutlingen für 14–18-jährige Mädchen eine „Privattöchterschule" zu gründen, die es bis dahin in der Stadt nicht gab und von vielen Reutlingern dringend gewünscht wurde. Er hoffte damit die finanziellen Mittel zu erwerben, die er für seine Anstalt dringend benötigte. Schon von Walddorf aus hatte er an die Kirchenleitung den Antrag gestellt, ihm die Gründung einer solchen Schule zu genehmigen. Daraufhin war der Reutlinger Dekan vom Konsistorium um eine Stellungnahme gebeten worden. Jener schlug vor, Werner die Schulgründung nur dann zu erlauben, wenn er auf das Abhalten von Versammlungen verzichte. Mit anderen Worten: Gustav Werner sollte davon absehen, öffentlich aufzutreten, dann könnte er mit einer Privattöchterschule beginnen. Das Konsistorium, die kirchenleitende Behörde, machte sich die Meinung des Dekans zu eigen und forderte Werner auf, seine Vorträge einzustellen.

Für Werner war es nicht zu akzeptieren, von seinen öffentlichen Predigten und Vorträgen abzulassen. In einem Brief vom März 1840 an das Dekanatamt Reutlingen antwortete er auf das Dekret der Kirchenbehörde. Diese Antwort enthält im Kern

Werners Programm für die kommenden Jahre und verdient deshalb ausführlich wiedergegeben zu werde: Auch nach der Niederlegung seines Vikariats werde er, schreibt Werner, nicht vom Wirken für das Reich Gottes ablassen. Sein Ziel bleibe es, fördernd und belebend in das kirchliche Leben einzugreifen.

„Die allgemeine Erfahrung unserer Tage, daß eine Hebung des religiösen Lebens unabweisliches Bedürfnis ist, wenn nicht die Kirche von Indifferentismus [Gleichgültigkeit, HZ], Zweifel, Unglauben und weltlichem Sinn untergraben werden soll, eine Erfahrung, die sich in allen Ländern immer dringender ausspricht, hat sich auch mir während meiner bisherigen amtlichen Laufbahn aufs Überzeugenste aufgedrungen" (218f.). Dieses gegenwärtige religiöse Bedürfnis richte sich „auf ein *geistiges, lebendiges Christentum*, welches, sobald es gelehrt und geübt wird, sich als voll vermögend erweist, die Kirche wieder zu heben und dem erwachten Verlangen zu genügen" (219). Der Besuch der Gottesdienste allein kann das religiöse Leben nicht beleben und pflegen. „Die Menge verhält sich hier zu passiv und bleibt sich zu fremd, als daß sich ein harmonisches Leben, die Seele des Christentums, entwickeln könnte, daher ein Bedürfnis nach engeren Gemeinschaften, in welchen sich Gleichgesinnte zusammenfinden und hier nähere Belehrung und geistige Erwärmung durch gegenseitigen Austausch empfangen, sich in unseren Tagen immer lebhafter ausspricht. Auf den Boden der *Gemeinschaft* ist das christliche Leben gegründet, und nur hier kann es erwachen und gedeihen."(219) Gegenwärtig, so Werner, bilden sich mehr und mehr engere Gemeinschaften, die durch das Bedürfnis nach geistigem Leben vereinigt seien. „Werden sie richtig geleitet und in ihrer Entwicklung und Wirksamkeit nicht gestört, so können sie nur segensreich für das Kirchenwesen werden, indem sie geistige Mittelpunkte bilden, von welchem aus Licht und Leben sich in immer weiteren Kreisen verbreiten wird. Solche belebenden

Lichtpunkte als heilsames, anregendes Salz für die erstorbenen Massen auch hier zu bilden, muß ich als eine mir vom Herrn der Gemeinde gewordene Aufgabe betrachten, da mir so viele Seelen ungesucht und mit regem Verlangen entgegen kamen."(219) Er selbst wolle die Suchenden nicht von der Kirche abspalten, sondern zu einem lebendigen Christentum hinführen. Deshalb halte er auch sonntags nach der Abendkirche seine Bibelstunde. Daneben gebe es in seinem Haus Männer- und Frauenvereine, die sich treffen, um sich zu besprechen. „Und weil es uns hauptsächlich um das Leben zu tun ist, so haben sich beide Vereine zugleich das Ziel gesetzt, für Erziehung verwahrloster Kinder Sorge zu tragen, und die Mitglieder verpflichten sich zu wöchentlichen oder monatlichen Beiträgen."(220) Am Ende seines Briefes äußert er die Hoffnung, dass das Konsistorium ihm gestatte, weiterhin an der Erneuerung der Kirche mitzuwirken.

In diesem Brief werden, so meine ich, vier grundlegende Überzeugungen Werners sichtbar.

Die Kirche und das Christentum stecken in allen Ländern in einer *Krise*. Diese zeigt sich in Gleichgültigkeit, Zweifel, Unglauben und „weltlichem Sinn". Gleichzeitig sehnen sich viele nach einem lebendigen, glaubwürdigen Christentum.

Der Besuch des Gottesdienstes allein genügt nicht, um das religiöse Leben zu wecken. Es bedarf *überzeugter Gemeinschaften*, in denen das christliche Leben erwachen kann und bewusst gelebt wird.

Eine solche Gemeinschaft, die entschlossen ist, einen echt christlichen Lebensstil zu praktizieren und damit das Reich Gottes sichtbar zu machen, wird ein *geistiger Mittelpunkt* sein, der in die Kirche und die Gesellschaft hinein wie Licht ausstrahlt und diese auch verändert. Werner selbst sieht seine Aufgabe darin, solche Muster-Gemeinschaften, solche „Lichtpunkte" zu bilden.

Einer christlichen Gemeinschaft im Sinne Werners muss es immer um *das Wohl des Mitmenschen* gehen. Sie hat sich im besonderen Maße um die Armen, Schwachen und Kranken zu kümmern. Dabei geht es Werner keineswegs darum, die Armen von oben herab als Almosenempfänger oder gar, modern gesprochen, als „Kunden“ zu betrachten, sondern als Brüder und Schwestern wahrzunehmen. Für Werner lassen sich die „religiöse“ und die „soziale“ Frage überhaupt nicht voneinander trennen, beide gehen ineinander über.

Das Ergebnis der Auseinandersetzung mit der Kirchenleitung war: Werner konnte zwar keine Privattöchterschule gründen; er durfte aber weiterhin religiöse Privatversammlungen halten. Allerdings nicht, weil das Konsistorium auf Werners Brief hin eingelenkt hätte, sondern weil er sich beim Ministerium des Inneren beschwert hatte. Dieses war dem Konsistorium übergeordnet und verfügte, dass die Entscheidung gegen Werner vorerst ausgesetzt werden müsse – bis die Rechtslage endgültig geklärt sei. Mir scheint es wahrscheinlich, dass die guten Beziehungen von Johannes von Werner in die Stuttgarter Regierungskreise hinein hierbei eine Rolle gespielt haben. Wie dem auch sei, Gustav Werner durfte vorläufig weiterhin öffentlich auftreten.

Über den Konflikt mit der Landeskirche wird im nächsten Kapitel noch ausführlich die Rede sein. Hier soll es zunächst um die „Hausgenossenschaft“ gehen, Werners Versuch, eine Muster-Gemeinschaft aufzubauen, die sich bewusst an christlichen Grundsätzen ausrichtete und die wie eine Großfamilie zusammenlebte.

Werner hätte sein Werk überhaupt nicht beginnen können ohne die Frauen an seiner Seite. Das Bäsle (Maria Agnes Jakob) und das Rosebäbele (Rosine Barbara Jakob) hatten Werner bei seinem Umzug nach Reutlingen begleitet und waren dort mit ihm und den zehn Waisenkindern in das erste Mietshaus gezogen. Bald schon traten weitere Frauen in das Haus ein. So die Tochter des Backnanger Dekans, Amalia Wagenmann (1806–1883). Durch ihre soziale Herkunft aus der gehobenen Bildungsschicht war sie unter den Hausgenossinnen eher eine Ausnahme, die meisten stammten aus Handwerker- und Bauernfamilien. Dass Amalia Wagenmann ihr Vermögen in die Anstalt einbrachte, ermöglichte es Werner, zusammen mit anderen Spenden, das bereits erwähnte „Haus Gotteshilfe" zu kaufen. Amalia Wagenmann „war wohl Werners vertrauteste Beraterin, Korrespondentin, Buchhalterin und Rechnungsführerin in einem".[56] Zu den Frauen der frühen Hausgenossenschaft gehörte auch Sophie Schöller (1826–1856). „Dichterisch begabt und fast unerschöpflich in Einfällen für lebende Bilder, Rezitationen und Aufführungen aller Art, war sie die geborene Gestalterin der Hausfeiern und -feste."[57] Sophie Schöller und Amalia Wagenmann ließ Gustav Werner zu Lehrerinnen ausbilden, damit sie die älteren Kinder in der Anstalt selbst unterrichten konnten. Sie gehörten zu den ersten weiblichen Lehrerinnen in Württemberg überhaupt. 1850 erhielt Werner die Erlaubnis, dass in seiner anstaltseigenen Schule sowohl Kinder aus dem Haus selbst als auch ärmere Kinder aus der Stadt von den ausgebildeten Hausgenossinnen unterrichtet werden durften. Der Schule wurde eine Kleinkinderschule angeschlossen.

Und schließlich sei von den ersten Hausgenossinnen noch Ricke Schirm (1815–1888) genannt. Sie bildete die Kinder im Stricken aus. Als sie schon einige Zeit im Hause war, fragte sie Werner eines Tages, was sie an Lohn wolle. Ihre Antwort war, dass sie keinen Lohn benötige und das Haus als ihre Heimat betrachte. Dieser Gehaltsverzicht von Ricke Schirm kann als der eigentliche Beginn der Hausgenossenschaft angesehen werden.

Bisher war nur von weiblichen Hausgenossinnen die Rede – zu

[56] Krauß, Paul: Gustav Werner und seine Hausgenossen. Geschichte einer christlichen Genossenschaft des 19. Jahrhunderts, Metzingen 1977, 20f.

[57] A. a. O., 23.

Recht, denn bis auf den Reutlinger Weingärtnerssohn Jakob Schradin blieb Werner die ersten Jahre hindurch der einzige Mann in der Hausgenossenschaft. Erst Ende der 40er Jahre kamen dann einige Männer dazu. Mit ihrem Kommen wurden der Anstalt verschiedene Handwerksbetriebe angegliedert, wie zum Beispiel eine Schneiderei, Schreinerei und Schusterei, was für die Ausbildung von Lehrlingen große Bedeutung gewann. Die Zahl der Hausgenossen wuchs in den ersten zwei Jahrzehnten fortwährend. 1862 gehörten 84 Männer und 143 Frauen zur Hausgenossenschaft.

Von einer Hausgenossin muss noch besonders die Rede sein: von Albertine Zwißler (1812–1881), der Tochter einen Reutlinger Kaufmanns. Sie war eine der eifrigsten Besucherinnen von Werners Andachten und Mitglied des oben erwähnten „Jungfrauenvereins". Da sich die Teilnehmerinnen des „Jungfrauenvereins" schon in aller Frühe bei Werner zur Andacht trafen, hatte der Reutlinger Kirchenkonvent geäußert, dies sei für die weibliche Jugend sittengefährdend. Vermutlich gab es etliche Gerüchte um den ledigen Werner, zu dem unverheiratete junge Frauen noch fast in der Dunkelheit kamen. Um übler Nachrede zu entgehen, beschloss Werner zu heiraten. Außerdem war es ihm wichtig, dass seine Anstalt auch eine weibliche Leitung hatte.

Sein Auge fiel auf besagte Albertine Zwißler[58]. Von Liebe war freilich keine Spur. Ihm ging es um eine reine Zweckheirat. Noch vor der Heirat machte er ihr klar, dass sie von ihm persönlich nichts zu erwarten habe, sie alle persönlichen Bedürfnisse als seine Frau zurückstellen und sich ganz dem Dienst in der Anstalt wid-

[58] Zu Werners Ehe vgl. unter anderem: Krauß, Paul: ‚Gott im Maschinensaal'. Der Christ Gustav Werner, Pfullingen 1980, 40–43. Eine Art Nachruf von Gustav Werner auf seine Frau findet sich in: Merkh, Lotte, Vater Werner, a. a. O., 253–269. Allerdings wirkt Werners Nachruf sehr klischeehaft.

men müsse. Die Trauung fand am 9. November 1841 in Mägerkingen auf der Schwäbischen Alb statt, weil dort der Bruder der Braut Pfarrer war. Symbolisch für die Art ihrer Beziehung kann die „Hochzeitsreise" gelten: Am Tag nach der Trauung reiste das frischvermählte Ehepaar mit zehn Waisenkindern nach Walddorf. Am Abend zog Werner dann weiter zu einer Vortragsreise, seine Frau schickte er allein mit den Kindern zurück nach Reutlingen. Werner ließ sich nach seiner Heirat fortan „Vater" Werner nennen, seine Frau wurde zur „Mutter" Werner. Albertine selbst sprach ihren Mann meist mit „Vater" an, was wohl ein charakteristischer Ausdruck für ihre Beziehung war. Betrachtet man die Bilder, auf denen die „Mutter" Werner zu sehen ist, so wirkt sie vom Leben enttäuscht. „Wohl selten", schrieb später eine Hausgenossin, „sind einer Frau so viele Mühen, Arbeiten und Selbstverleugnungen auferlegt worden, als dieser scheinbar schlichten und einfachen Frau (...)."[59] Albertine hätte gerne Kinder gehabt, musste aber auf diese verzichten. Gustav Werner Bild der Ehe war eher düster: „Daß der Ehestand so oft ein Wehestand wird, hätte weniger zu sagen, ist meistens gut für uns; aber daß so oft in demselben der bessere Teil unseres Ichs verlorengeht – dies ist eine häufige schmerzliche Erfahrung."(493) Geradezu erschütternd ist es, welches Fazit Werner am Totenbett seiner Frau zog: „Ich ging unsern vierzigjährigen gemeinschaftlichen Lauf durch und fand auf beiden Seiten nur Sünden und Gebrechen, und fühlte es durch und durch, daß wir nicht vor Ihm bestehen können, wenn Er will Sünde zurechnen."[60]

Sucht man nach Gründen, warum die Ehe zwischen Albertine und Gustav Werner nicht von der Liebe zueinander bestimmt war, so stößt man darauf, dass Werner aller Wahrscheinlichkeit nach homosexuell war.[61] Um den Schein zu wahren, heiratete er.

[59] Merk, Nane, a. a. O., 33.
[60] Merkh, Lotte, 264.

Man mag das heute kritisch beurteilen, doch sollte man bedenken, dass es zu Werners Zeiten keine Möglichkeit gab, offen mit Homosexualität umzugehen.

Doch zurück zur Hausgenossenschaft. Sucht man nach deren Kennzeichen, so sind folgende zu nennen: Alle Hausgenossen brachten bei ihrem Eintritt ihr ganzes Vermögen ein, hatten aber Anspruch auf (unverzinste) Auszahlung bei ihrem Austritt aus der Hausgenossenschaft. Alle arbeiteten ohne Lohn, aber mit der Zusage, Wohnung, Verpflegung und Kleider zu bekommen und bei Krankheit und Alter versorgt zu werden. Und schließlich gehörte dazu, dass sie alle aus christlicher Motivation den Notleidenden halfen. 1862 gab Werner so etwas wie eine Definition seiner Hausgenossenschaft:

> Der Grundsatz ‚Liebe deinen Nächsten wie dich selbst' hat meine Mitarbeiter angezogen und festgehalten und sie zur willigen Ausübung der weiteren Hauptgrundsätze vermocht, das Ihre zu verkaufen und den Armen zu geben und als treue Haushalter die Güter zu verwalten, die der Herr ihnen gegeben hat. Sie arbeiten daher ohne Lohn, betrachteten die ihnen anvertrauten Pfleglinge als ihre eigenen und besorgten ebenso die ihnen übergebenen Haushaltungen, Geschäfte, Güter und Gewerbe

[61] Der Urgroßneffe Gustav Werners und Psychiater Paul Krauß, zitiert in seinem Aufsatz: „Der Maler Robert Heck und seine Beziehungen zu Gustav Werner" (in: Das Bruderhaus, Nr. 48. März 1961, 10 f.) zahlreiche Stellen aus einem Briefwechsel zwischen Gustav Werner und dem Maler Robert Heck. Diese können kaum anders als Sätze einer homoerotischen Zuneigung verstanden werden. Paul Krauß geht davon aus, dass es Werner gut gelungen ist, seine – damals nicht lebbare – Homosexualität zu sublimieren. Da der Urgroßneffe Werners über seinen Vater noch unmittelbare Informationen über Gustav Werner hat und ansonsten sehr bemüht ist, Werner „gut zu zeichnen" (der Aufsatz ist 1961 geschrieben!), spricht aus meiner Sicht fast alles dafür, dass Werner homosexuell war.

als ihre eigenen, wodurch die wahre Liebe zu den Pfleglingen und die echte Treue im Haushalt erzielt wird. Es bildet sich dadurch in den Anstalten das Familienverhältnis, diese Grundform der Gesellschaft, von selbst. Wie Kinder und ältere Geschwister für die jüngeren Kinder arbeiten, um sie gehörig versorgen und erziehen zu können, so wenden die erwachsenen, arbeitsfähigen Mitglieder unseres Hauses all ihre Güter und Kräfte auf die Hilfsbedürftigen in demselben an, weshalb sie auch auf Treue und Glauben handeln (...).[62]

Werner ging es also in seiner Reutlinger Anstalt nicht einfach darum, Hilfsbedürftige und Verwahrloste aufzunehmen und zu versorgen – wie in anderen Rettungshäusern seiner Zeit. Alle sollten wie in einer Familie zur christlichen Gemeinschaft dazugehören. „*Werner* nennt darum sein Haus, welchem er selbst, seine Gattin, seine Lehrer und Lehrerinnen, seine Kinder, seine Dienstboten und alle seine Hausgenossen angehören, eine *Pflanzstätte christlichen Lebens.*“[63]

Die meisten, die zur Hausgenossenschaft dazustießen, hatte Werner auf seinen Predigtreisen angesprochen, ob sie nicht ein verbindlicheres Christsein leben wollten. Anfänglich waren es nur Unverheiratete, später kamen dann Familien hinzu, was allerdings zu großen Spannungen führte. Die Hausgenossin Nane Merkh schreibt 1886, „daß es ganz wenige Familien gab, die durch den Eintritt in die Hausgenossenschaft ganz befriedigt waren. Viele sind wieder gegangen und nicht zu ihrem Schaden; es wird diese Lebens- und Gütergemeinschaft entweder zu bald unternommen worden oder überhaupt gar nicht möglich sein, das wird die Zukunft lehren“[64].

---

[62] Zitiert bei Krauß, Hausgenossen, a. a. O., 14f.
[63] Werner, Heinrich, a. a. O., 27.
[64] Friedensblätter, Heft 4, 1885/86, 17.

Werner schwebte so etwas wie ein evangelisches Klosterleben vor. Er selbst verglich seine Hausgenossenschaft des Öfteren mit den katholischen Klöstern:

> Es wurde mir klar, welch ein richtiger Gedanke der Stiftung von Klöstern zugrunde liege und daß unsere Kirche ähnliche, ihrem Geist entsprechende Anstalten zu ihrer Belebung und Betätigung ihrer Grundsätze erhalten müsse. Um den Liebesdienst an den Armen recht besorgen zu können, so daß der Nächste geliebt wird wie wir selbst, müssen Personen ihn verwalten, die sich ihm mit ungeteilter Hingabe widmen können; diese Hingabe muß in voller Freiheit geschehen und bleiben, fern vom Zwang der katholischen Klöster, und muß stets zum Hauptgegenstand ihrer Tätigkeit Nutzleistungen für das Wohl der Menschen haben, hierdurch werden die Gefahren abgewendet, die dem klösterlichen Berufe drohen, und Brennpunkte gebildet, in welchen das heilige Feuer geweckt und erhalten wird.(442)

Was wir oben schon gehört haben, wird hier von Gustav Werner wieder betont: Die Kirche braucht Gemeinschaften von Personen, die sich dem Dienst am Nächsten in ungeteilter Weise widmen. Dann sind sie wie Brennpunkte, die nach außen in die Kirche und die Gesellschaft ausstrahlen. Alles ist Werner daran gelegen, dass seine Hausgenossenschaft sich nicht selbstgenügsam in ihrer Frömmigkeit nach außen abschließt, sondern sie ihre soziale Aufgabe gegenüber den Mitmenschen wahrnimmt: „Wenn diese Aufgabe mit klarem Blick und vollem Ernst erstrebt und festgehalten wird, so ist hiermit ein kräftiges Schutzmittel gegen die Ausartung der Klöster gegeben und der Segensquell eröffnet, der aus dem Schoß der Kirche als einer Mutter, helfend, tröstend und heilend über die leidende Menschheit sich ergießen soll."(709)

Sucht man nach äußeren Gemeinsamkeiten mit Klöstern so sind es: die Einteilung des Tages durch Andacht, Gebet und Gesang, die persönliche Armut der Hausgenossen, der Verzicht auf eigenen Besitz, die gemeinsame Arbeit, der Gehorsam gegenüber dem „Vater" Werner, die überwiegend ehelose Lebensform. Auch wenn sich die Hausgenossenschaft von einem Kloster darin unterschied, dass ein Austritt jederzeit möglich war und auch das eingebrachte Vermögen dann unverzinst zurückgegeben wurde, so scheint es mir doch angebracht, die Hausgenossenschaft als einen „evangelisch-klösterlichen Orden" zu bezeichnen. Im ersten Jahrzehnt seiner Niederlassung in Reutlingen war neben dem Aufbau seiner Anstalt der zweite Grundpfeiler von Werners Wirken die Reisepredigt. Während man aber dem Gründer der Anstalt in Reutlingen durchaus Hochachtung entgegenbrachte, war der Reiseprediger Werner für viele eine Reizfigur.

„Die Verpflichtung auf Glaubenssätze ist gegen die evangelische Freiheit" – Der Reiseprediger Werner und der Konflikt mit der Landeskirche

Es hatte zunächst sehr handfeste Gründe, dass Werner seine Reisepredigt von Reutlingen aus fortsetzte: Zum einen gewann er bei seinen Vorträgen neue Hausgenossinnen hinzu, zum anderen erhielt er Spenden, die er zum Unterhalt seiner Anstalt dringend benötigte. Dazu kam, dass er von einem starken Sendungsbewusstsein getragen war. „Es ist (...) mein unablässiges Streben, der Kirche zu ihrer Vollendung, dem Reich Gottes zu seiner Verwirklichung, der seufzenden Kreatur zu ihrer Erlösung zu helfen."(405) Es ging ihm um nicht weniger als um eine grundlegende Erneuerung der Kirche, ja um die „Reformation der Gesellschaft"[65].

Von dieser starken Mission getrieben, entfaltete er – neben seinen umfangreichen Aufgaben in Reutlingen – eine schier unfassbare Vortragstätigkeit im Königreich Württemberg. 1840 besuchte er bereits zehn Orte regelmäßig, 1843 sollen es dreißig, 1847 ungefähr hundert gewesen sein. Bis zu fünf Vorträge hielt er am Tag. Ein Zeitzeuge gibt uns im Jahr 1843 einen Einblick in

[65] Der Begriff „Reformation der Gesellschaft" – oder auch „soziale Reformation" – taucht erst beim späten Werner auf (z. B. Nachgeschriebene Vorträge, II. Teil, Reutlingen 1888, 191), der Sache nach ist er aber bereits seit den vierziger Jahren für Werners Denken bestimmend. Vgl. dazu auch Kapitel XI.

Werners Tätigkeit als Reiseprediger: „Werner macht seine Rundreisen bis jetzt in drei Wochentouren, deren jede mehrere Gemeinden in sich faßt. An jedem Montag frühe reist er in dasjenige Gebiet, an welchem die Reihe ist, kehrt am Donnerstag Abends nach Reutlingen zurück, bleibt da über den Sonntag und beginnt am Montag darauf seine Reise wieder in ein anderes Gebiet. – In Reutlingen selbst hält er in jeder Woche Donnerstag Abends noch eine religiöse Unterhaltung, am Samstag zwei bis drei und am Sonntag drei Vorträge. Die *Wochentouren* teilen sich folgendermaßen ein: *Erste Woche*: Stuttgart, Calw, Pfrondorf, Musbach, Grünthal, Unterisslingen, Wittendorf; Lustnau, zuweilen Neuneck, Dornstetten, Wittlinsweiler. *Zweite Woche*: Stuttgart, Engstlatt, Heßelwangen, Brittheim, Trichtingen, Bebenhausen, Ohmenhausen, Pfullingen. *Dritte Woche*: Stuttgart, Walddorf mit drei Filialen, Gniebel, Rübgarten, Häslach, Altenburg, Göppingen, Hattenhofen, Nabern, Schlierbach, Neuffen, Großbettlingen, Oberensingen. Man sieht, daß Werner in den vier Tagen, an welchen er wöchentlich auswärts tätig ist, in der Regel drei Vorträge täglich oft in weit von einander entfernten Orten hält, und, da jeder derselben anderthalb Stunden in lauter, eifriger Rede dauert, zumal, wenn man die zwischenliegende, häufig zu Fuß zurückzulegende Entfernung eines Orts vom andern hinzunimmt, ein wirklich fast unglaublicher auch körperlicher Kraftaufwand hierzu erfordert wird. – In neuester Zeit hat übrigens Werner zu seinen Reisen ein Gefährtchen und ein Pferd sich angeschafft. – Nebenbei wird hier bemerkt, daß zu diesen Vorträgen, welche er *nur* auf vorangegangene Bitten von Seiten der Gemeinden hält, nicht nur aus der Nähe, sondern oft aus großen Entfernungen so viele Zuhörer herbeiströmen, daß die Zahl derselben oft sieben bis acht Hundert, ja bis Tausend und Elfhundert steigt."[66] In Kirchheim unter Teck kamen sogar dreitausend bis

[66] Werner, Heinrich, a. a. O., 9 f.

viertausend Menschen, wenn Werner dort alle drei bis vier Wochen predigte. Wo Werner keine Erlaubnis bekam, in Kirchen zu sprechen, fanden seine Vorträge in Privathäusern, Scheunen, Gärten, unter Bäumen oder auch auf Kirchhöfen statt.

Je mehr ihm die Zuhörer zuströmten, desto entschiedener traten seine Gegner auf den Plan. Diese kamen vor allem aus dem Lager der Pietisten und aus den Reihen anderer Geistlicher. Im ersten Viertel des Jahres 1841 wurde eine regelrechte Pressekampagne gegen den Reiseprediger Werner entfacht. Federführend war die Zeitschrift „Christenbote", das Sprachrohr des Pietismus in Württemberg und ein in der Öffentlichkeit sehr einflussreiches Blatt. Dazu zwei Kostproben aus den Artikeln, die sich mit Werner beschäftigten:

Am 10. Januar 1841 ist zu lesen: „Sein namentlich auch in Ulm aufgefallenes Verkehren mit Swedenborgianern gibt doch deutlich genug zu erkennen, daß es ihm nicht bloß darum zu tun sei, die bestehenden Versammlungen zu erbauen, sondern, nachdem er sich den erforderlichen Eingang verschafft, sie zu verwirren, aufzulösen und für die Ansichten der neuen Kirche, d. h. einer mit der evangelischen Kirche im entschiedenen Widerspruch stehenden Sekte zu gewinnen."(238)

In einem anderen Artikel vom 7. Februar 1841 heißt es: „Werner mißbraucht die Gutmütigkeit und Unkenntnis seiner weiblichen Zuhörerschaft insbesondere dazu, um unter dem Vorwand, daß er nichts anderes wolle als lebendiges, tätiges Christentum erwecken, allmähliche Proselyten [= Neubekehrte, HZ] für eine Sekte heranzubilden."[67]

Bereits in diesen beiden Zitaten werden die drei hauptsächlichen Vorwürfe des Christenboten und der mit ihm verbundenen pietistischen Kreise deutlich: Werner neige zum Swedenborgianismus, er wolle zum anderen eine neue Kirche bzw. Sekte

[67] Wurster, a. a. O., 120.

Gustav Werner predigt in einer Dorfscheune, Gemälde von Robert Heck (1862)

gründen und schließlich: Er stehe im deutlichen Widerspruch zum Bekenntnis der evangelischen Kirche. Wenn Werner öffentlich erkläre, er wolle das tätige Christentum erwecken, so sei das nur ein Vorwand.

Das Konsistorium fühlte sich bemüßigt, Werner zu einer Stellungnahme aufzufordern. Dieser kam der Aufforderung in einem ausführlichen Schreiben vom 25. April 1841 nach: Gegen den

Vorwurf, er sei Swedenborgianer, verwahrt er sich: „Wie sollte ich mich als *Swedenborgianer* bekennen, da ich es nicht bin und schon erklärt habe, daß ich es nicht sei?“ (247) Er bekennt sich dazu, auf eine neue Kirche hinzuarbeiten, allerdings nicht im Sinne einer Abspaltung: Bisher habe die Kirche vor allem versucht, in Dogmen, also Lehrsätzen, das Heil zu finden. Jetzt müsse die Kirche neben der dogmatischen die „johanneische Richtung“ in sich aufnehmen. Diese sei für ihn gleichbedeutend mit der „neuen Kirche“. Für diese Richtung sei zentral, dass Gott die Liebe ist. Die johanneische Kirche der tätigen Liebe „wird, wenn sie nicht dazu genötigt wird, nie eine äußere Kirchengemeinschaft zu bilden versuchen und kann nie Partei werden, da sie nur das unsichtbare, allumfassende Band der Liebe kennt, nur einen Herrn Christum hat und Absonderung und Ausschließung ihrer Tendenz widerspricht.“(245) Sie wolle nur wie Sauerteig für das Ganze sein. Werner betont also in aller Deutlichkeit, dass es ihm nicht um eine neue, von der Kirche abgesonderte Gemeinschaft geht. Die Landeskirche selbst solle die johanneische Richtung der tätigen Liebe in sich aufnehmen.

Die Kirchenleitung verwies den Konflikt an die einzelnen Gemeinden zurück. Sie verfügte in einem landesweit verbreiteten Erlass vom November 1842, dass es Sache der örtlichen Kirchenkonvente sei, darüber zu entscheiden, ob private religiöse Versammlungen vor Ort stattfinden könnten oder nicht. Der Kirchenkonvent bestand aus dem Schultheiß, dem Ortspfarrer und anderen bürgerlichen Persönlichkeiten. Praktisch entschieden über Werners Auftritt jedoch oft die jeweiligen Pfarrer. Werner war also meist vom Wohlwollen des jeweiligen Ortsgeistlichen abhängig.

Manche der Pfarrer standen ihm und seinen Predigten bejahend gegenüber und öffneten ihm ihre Kirchen. Viele sahen ihn als Reiseprediger eher skeptisch und erlaubten ihm keinen Auftritt in ihren Kirchengebäuden. Einige verfassten Bücher gegen den Reiseprediger Werner. Manche ließen ihn gar gewaltsam aus ihren Gemeindebezirken vertreiben, wie etwa der Pfarrer von Winterlingen (Oberamt Balingen). Als Werner dort bei einer befreundeten Familie zu einer religiösen Unterredung war, wollte er in deren Haus übernachten. Mit zitternder Feder schreibt der Pflegesohn Werners und sein erster Biograph, Paul Wurster, was dann geschah: „Als Werner bereits zu Bett gegangen war, kam, vom Pfarrer geschickt, der Polizeidiener: auf Beschluß des Kirchenkonvents habe Werner *sogleich den Ort zu verlassen*. Das war ein Bild: Werner mitten in der Nacht aus dem Bett gejagt und des Orts verwiesen durch einen leidenschaftlichen Pfarrer, der ihm, was christliche Gesinnung betrifft, die Schuhriemen nicht auflösen konnte!“[68] David Friedrich Strauß bemerkte zum Konflikt Werners mit den Pfarrern spitz und ironisch, es handele sich bei den Kritikern Werners um „geistliche Stadt- und Dorfhähne, die sich über den Eindringling hoch erbosten und alle Mittel anwandten, ihn von ihrem Hof zu jagen“[69].

Aber war es wirklich so, wie Strauß sagt? Ging es hier wirklich nur um Revierkämpfe? Waren viele in den Gemeinden schlicht eifersüchtig, dass Werner einen solchen Zulauf hatte, wo sonst die Kirchen oft leer blieben? Oder hatten die Gegner recht, dass Werner in seinen Vorträgen Meinungen vertrat, die mit evangelischen Glaubenslehren schwerlich zu vereinbaren waren? Was war eigentlich überhaupt die zentrale Botschaft, die Werner auf seinen Rundreisen vertrat?

Eine Hausgenossin fasste die zentrale Botschaft Werners in seinen Reisepredigten rückblickend so zusammen: Das Reich Gottes soll sich in der gegenwärtigen Zeit auf der Erde ausbreiten und verwirklichen, damit dem Jammer der Welt ein Ende ge-

[68] Wurster, a. a. O., 143.
[69] Zitiert bei Bartel, a. a. O., 155.

macht wird. Das Reich Gottes kann freilich nur eingeführt werden durch eine Gemeinde von Menschen, die seine Liebe und Gerechtigkeit im praktischen Leben ausüben. Dadurch wird Christus, dem König, in allen menschlichen Verhältnissen der Weg bereitet.[70]

Gerechtigkeit und Liebe. Christus, dem König, in den menschlichen Verhältnissen den Weg bereiten. Große und hehre Worte. Werner war es wichtig, dass sie in die kleinen Münzen des Alltags umgewechselt werden. Zum geflügelten Wort geworden ist Werners Satz, der aus den vierziger Jahren stammt: „Was nicht zur Tat wird, hat keinen Wert." Wie ernst es ihm damit war, zeigt eine von ihm selbst erzählte Episode aus seiner Zeit als Reiseprediger. Sie soll hier vollständig wiedergegeben werden, auch weil sie einen guten Eindruck von der großen Armut in den vierziger und fünfziger Jahren des 19. Jahrhunderts vermittelt. Ohne das Wissen um diese Armut ist Werners diakonisches Engagement und, wie ich meine, auch seine Theologie nur unzureichend zu verstehen:

> Von Murrhardt ging ich nach Rudersberg. Eine arme Frau von letzterem Orte holte mich ab, um mir den Weg zu zeigen, was sie auch schon früher getan. Sie erzählte mir, wie sehnsüchtig sie und ihre Kinder auf meinen Besuch gewartet haben, da sie der gewissen Überzeugung seien, daß dann ihre Geiß nicht verkauft worden wäre, die für sieben Personen Milch geben mußte. Ihr Mann ist nämlich Maurer, arm und verschuldet, ohne Verdienst in der armen Gegend; Zinsen von zwei Jahren stehen noch und es droht ihnen der Verkauf ihres Häuschens und einiger kleiner Güterstücke. Doch sind die Gläubiger weich geworden. Einer trat einmal ins Häuschen, um den Zins zu fordern, sah das kleinste dreijährige Kind in Lumpen und hun-

[70] Vgl. Merkh. Lotte, a. a. O., 76.

gernd, und statt den Zins zu verlangen, ließ er dem Kind ein Stück Zeug zu einem Röckchen zustellen. – Der Mann faßte den Entschluß, ins Bayrische zu gehen, um an der Eisenbahn Arbeit zu suchen, aber er hatte keine Stiefel, die Kinder kein Brot – so konnte er sie nicht verlassen, und mußte zu dem schweren Opfer geschritten werden, die Geiß zu verkaufen. Das älteste Mädchen, das sie sonst gefüttert hatte, weinte laut, als man sie fortführte. Dasselbe ist nun fünfzehn Jahre alt, etwas verschieft, sie sucht einen Dienst, kann aber keinen finden. ‚Es wäre doch eines weniger zu speisen', meinte die Mutter. Nun läßt der Vater Stiefel machen, der Mutter Schuhe sohlen und kauft zwei Simri Korn. Dann nimmt er Abschied. Er liebt seine Kinder; sie weinen alle zusammen, daß der Vater, der nun fünfzig Jahre alt ist, noch so weit auf Arbeit gehen muß. Oft wünschte er sich den Tod, aber die Mutter tröstet und ermahnt, daß er sich nicht an Gott versündigen soll. Dies und noch manches andere, das bei täglichem Mangel in niedriger Hütte vorgeht, erzählte mir die Mutter ohne besondere Klage ergeben und natürlich. Ich fragte sie nun, was sie ihren Kindern koche? Sie berichtete mir wieder ganz einfach: morgens kriegen sie Schnitze von Bodenrüben; anfangs habe ich sie ihnen weich gesotten, aber sie wollten's lieber roh essen. Das Kleinste ist freilich nicht zufrieden und möchte etwas Besseres; aber die größeren schicken sich schon darein, weil sie wohl wissen, daß ich ihnen nicht weiter geben kann. Mittags kriegen sie eine Riebelessuppe oder eine gebrannte, doch kann ich letztere nicht oft kochen, da das Rösten des Mehls ohne Schmalz die Pfanne verderbt. Ja, habt ihr denn kein Schmalz? Antwort: Schon seit einem Jahr nimmer. – Aber doch Brot? – Auch nicht. Am letzten Sonntag verkochte ich das letzte Mehl; meine Bodenrüben sind auch bald auf; wenn mir mein Mann bis dorthin kein Geld schickt, weiß ich nicht, wie es mit meinen fünf Kindern geht. Einmal habe ich zwei Bodenrüben fein zerrieben, von einer Bäckerin ein Kind um Nachmehl bitten lassen und beides zu einem Teig zusammengeknetet und in den Backofen geschickt. Der Bäcker ließ mir sagen, daß ich ihm so etwas nimmer schicken dürfe, da es so übel rieche. Mein Mädchen brachte im Schurz statt einen Laibes nur schwarze, nasse Klumpen, aber meine Kinder verzehrten sie mit großem Appetit wie reiche Kinder einen Leckerbissen verzehren; besonders war meine Kleine vergnügt.

Keine Klage über ihre tiefe Armut entging ihren Lippen. Sie meinte, sie sei noch glücklich im Vergleich mit einer anderen Frau, die mich auch einmal begleitete, und die einen wahnsinnigen Mann erhalten müsse, der so sehr viel esse. Den reichen Leuten könne man in Rudersberg nichts mehr zumuten, da sie im vorigen Jahr schon so viele Gaben diesem Orte gespendet hätten, meinte sie auf meine Frage, ob keine Suppenanstalt errichtet werde? – Die stille Ergebung bewegte mich. Ich beschloß dem Weib wieder zu einer Geiß zu verhelfen und ihre älteste Tochter aufzunehmen, daß sie zu einer Magd herangebildet werde. Die Mutter freute sich sehr, als ich ihr letzteres sagte; von der Geiß sagte ich ihr noch nichts. Ich dachte, zur Anschaffung einer solchen meine Knaben aufzufordern. Was sie nämlich mit Filetstricken verdienen, soll für solche arme Familien bestimmt sein. Wenn sie mir ein fertiges Paar Strümpfe bringen, so dürfen sie dieselben selbst einem armen Kind überbringen. Ebenso können meine Mädchen, was sie in den Freistunden verdienen, für arme Kinder verwenden.[71]

An dieser Erzählung zeigt sich erneut, dass man nicht den religiös bewegten und den sozial tätigen Werner unterscheiden

[71] Merkh, Lotte, a. a. O., 78–81.

kann; beides läuft bei ihm zusammen, auch dann, wenn er als Reiseprediger unterwegs ist. „Das Christentum", sagt Werner, als er der Kirchenleitung über seine Tätigkeit als Reisprediger schreibt, „ist vornehmlich Evangelium für die Armen, bestimmt, geistiges und leibliches Elend zu heben; und je höher seine Entwicklung geht, desto vollkommener wird es diese seine Aufgabe erfüllen. (...) Wenn nun die Heilsbotschaft verkündet wird, so werden auf sie mit besonderer Begierde die Armen lauschen, auch solche, welche nur auf leibliche Erlösung harren, wie diejenigen, die auf eine solche hinarbeiten."(276)

1848 geschah etwas, was zunächst wie ein fernes politisches Erdbeben erschien. Im Februar 1848 brach in Frankreich die Revolution aus. Nach Barrikadenkämpfen hatte dort der König abdanken müssen. Die revolutionäre Stimmung griff dann bald auf Deutschland über. In Württemberg sah sich der König gezwungen, im März des Jahres sein konservatives Kabinett abzulösen und ein fortschrittlich-liberales einzusetzen, das sogenannte „Märzministerium". Dieses brachte ein Gesetz auf den Weg, dass von nun an allgemeine Versammlungs- und Vereinsfreiheit herrschen solle. Es liegt auf der Hand, dass diese Freiheiten Werners Tätigkeit als Reiseprediger erleichterten.

Als weitere Folge der revolutionären Unruhen in Deutschland trat im Mai 1848 in der Frankfurter Paulskirche die deutsche Nationalversammlung mit gewählten Abgeordneten zusammen. Die auch als „Professorenparlament" bezeichnete Versammlung verabschiedete die „Grundrechte des deutschen Volkes", die von Württemberg sofort angenommen wurden. Dazu gehörten etwa: „Jeder Deutsche hat volle Glaubens- und Gewissensfreiheit. Jeder Deutsche ist unbeschränkt in der gemeinsamen, häuslichen und öffentlichen Übung der Religion."[72] Und: „Die Deutschen haben

[72] Zitiert bei Wurster, a. a. O., 147.

das Recht, sich friedlich und ohne Waffen zu versammeln; einer besonderen Erlaubnis dazu bedarf es nicht."[73] Für Werner hatten diese Grundrechte unmittelbare Folgen. Als beispielsweise der Herrenberger Dekan sich bei der Kirchenleitung beschwerte, Werner halte Vorträge unter freiem Himmel ohne den Kirchenkonvent um Erlaubnis zu fragen, musste er sich von der Kirchenleitung belehren lassen: „Infolge der Grundrechte darf die Abhaltung religiöser Privatversammlungen von den Behörden nicht mehr gehindert werden."[74]

Während dieser revolutionären Monate öffneten sich für Werner viele Türen im Land. In den meisten Gemeinden durfte er nun auch in den Kirchen sprechen. An eine Freundin schrieb er am 1. Juli 1848: „Bald kann ich den vielen Anforderungen nicht mehr genügen; in Städten und Dörfern öffnen sich die Kirchen und sind mit Zuhörern überfüllt. Ich kann es nirgends abschlagen; denn jetzt gilt es Christum, den *König*, hereinzubringen." (191) Doch das politische Tauwetter hielt nicht lange an. Für Werner wurde es bald wieder frostiger. Die Nationalversammlung wurde aufgelöst, die alten politischen Kräfte kamen wieder an die Macht. Die Kirchentüren schlossen sich zu einem großen Teil erneut.

Ein Brief von Bürgern der Gemeinde Deizisau (Oberamt Esslingen) vom April 1849 zeigt, dass es auch Gemeinden gab, in denen während der Revolutionsjahre die Kirchen verschlossen blieben. Die Deizisauer wandten sich in dieser Sache an das „Ministerium des öffentlichen Unterrichts": „Wie in vielen Gemeinden des Landes, so ist auch hier das Bedürfnis erwacht, die religiösen Vorträge des Reisepredigers Werner zu hören, und sich durch dieselben zu stärken. Werner ist auch unserer Einladung freundlich nachgekommen, und wir erfreuen uns seiner Vorträge

[73] Zitiert ebd.
[74] Wurster, a. a. O., 147.

seit mehreren Monaten, dabei aber nicht desjenigen Rechts, welches seinen Zuhörern anderwärts eingeräumt sei; wir dürfen nämlich diese Vorträge nicht in der Kirche hören, sondern müßten uns mit einem Zimmer einer Privatwohnung behelfen, dessen beschränkter Raum kaum den dritten Teil der Zuhörer faßt, und für den Prediger zur Qual wird.

Werner predigt das lautere Wort Gottes, er dringt auf ernstliche Buße, auf das wahre Christentum, darum gehören seine Vorträge in die Kirche, wo sie allgemein bekannt werden können zum größeren geistigen Nutzen der Gemeinde.

Um so weniger ist uns begreiflich, aus welchen Gründen ihm und uns die Kirche nicht geöffnet werden will, wir sind aber überzeugt, daß eine eigentliche Rechtfertigung dieser Verweigerung weder vor dem Herzen noch dem Verstand möglich sei, welches dem Kirchenconvent das Vertrauen vieler Einwohner entzieht. Wir wagen deshalb die untertänigste Bitte: Ein hohes königliches Ministerium wolle zur Abstellung dieses Mißstandes hochgeneigte Verwendung bei dem hiesigen Convent eintreten lassen. Ehrerbietigst."[75] Und dann folgen 61 Unterschriften von männlichen Bürgern des Ortes.

Deizisau war eine von sechs Gemeinden im Kirchenbezirk Esslingen, in denen Werner seit kurzer Zeit regelmäßig seine Vorträge hielt. Das passte den elf Pfarrern des Kirchenbezirkes überhaupt nicht. Am 5. November 1849 beschwerten sie sich deshalb in einem Brief an die Synode.[76] Ihr Schreiben sollte für Werner folgenreich sein. Die Pfarrer schrieben, dass Werner in bisher friedliche Gemeinden durch seine Vorträge Zwiespalt gebracht

---

[75] Handschriftlicher Brief, Landeskirchliches Archiv Stuttgart A 27, 3535, 3/III, 218.

[76] Abgedruckt bei Schäfer, Reich Gottes, 260 f. Mit der Synode ist nicht ein Kirchenparlament gemeint, sondern der „Synodus", ein Gremium, das aus dem Konsistorium und den sechs Prälaten bestand.

habe. Viele würden Anstoß nehmen an der „eigentümlichen Stellung, die Werner (…) gegen die evangelische Landeskirche einnimmt, an der Ungewißheit, in der er die Welt hinsichtlich seiner religiösen An- und Absichten hält und an der Besonnenheit seines ganzen Auftretens, die ihn dem Verdacht eines Sektierers aussetzt."(260) Da Werner einen nicht geringen Einfluss auf viele evangelische Gemeinden ausübe, baten die Pfarrer die Kirchenleitung, Werner zu verbieten, in Kirchen zu sprechen, solange er nicht seine Übereinstimmung mit dem evangelischen Bekenntnis, der Augsburger Konfession, erkläre.

Ein halbes Jahr später – am 26. April 1850 – forderte das Konsistorium Werner auf, sich zu seinem Verhältnis zur evangelischen Landeskirche und zur Augsburger Konfession zu äußern. Werner gab am 4. Juli 1850 in einem Brief an das Konsistorium erneut eine Stellungnahme ab (265–277): Dass die Kirche ihrer Vollendung zugeführt wird, sei ihm vor Jahren noch in weiter Ferne erschienen, heute aber in greifbare Nähe gerückt. Nach der Kirche der frühen Christen des Jakobus, der katholischen Kirche des Petrus und der protestantischen Kirche des Paulus stehe nun die Kirche des Johannes unmittelbar bevor.

Doch wie stellte Werner sich diese neue Kirche des Johannes vor? Wie sollte es zu dieser kommen? Er ist überzeugt, „daß die Kirche der Zukunft sich aus dem Schoß der protestantischen Kirche entwickeln soll und daß namentlich hierzu unsere Landeskirche eine besondere Berufung hat. Ich habe, wenn auch vielleicht mißkannt, doch mit großer Freudigkeit in derselben und für dieselbe gewirkt, weil ich sie wie ein Vaterland liebe und nichts sehnlicher wünsche, als zu der ihr bestimmten Verherrlichung mitwirken zu können." (268) Werner sieht sich also als einer der Wegbereiter einer neuen Kirche. Wie in den Anfängen des Christentums und in der Reformation stehe man wieder an einem Wendepunkt.

Die Kirche der Zukunft ist die *Kirche der tätigen Liebe.* Diese vertrage sich nicht mit dem Beharren auf Lehrsätzen: „Was nun mit der Kirche der Zukunft unverträglich erscheint, ist der Symbolzwang (die Verpflichtung, in der Lehre sich nach bestimmten Bekenntnisschriften zu richten) (…).“ Nicht mehr akzeptabel sind ihm viele Lehren. Er nennt beispielsweise die Erbsünde, denn Sünde ist „ein freier Akt (Tat) nichts Angeerbtes“(272). Auch die Rechtfertigung, wie sie im Augsburger Bekenntnis vertreten werde, lehne er ab. Rechtfertigung könne nicht als eine reine Gerechtsprechung des Menschen durch Gott verstanden werden. Dies mache die Menschen nur bequem, anstatt sie zu einem christlichen Leben zu führen. Und schließlich will er ein neues Verständnis der Lehre von der Dreieinigkeit (Trinität). Sie dürfe nicht als „Dreipersönlichkeit“ verstanden werden, da dies in der Bibel keine Stütze finde.

Werner kommt zum Ergebnis, er könne sich nicht zu einer Verpflichtung auf Glaubenssätze bereit erklären „weil ich eine solche als unevangelisch und unprotestantisch und namentlich als unvereinbar mit der Kirche der Zukunft ansehen muß, weil manche Lehrsätze derselben sich als unvereinbar mit der evangelischen Wahrheit, so wie sie jetzt erkannt ist, darstellen (…). Im Hinblick auf die hohe Wichtigkeit der Sache möchte ich Königliches evangelisches Konsistorium dringend ersuchen, sich mit der Erklärung zu beruhigen, daß ich mit der protestantischen Kirche auf ihrem gegenwärtigen Standpunkte, wenn ich ihn anders recht erfaßt habe, mich einverstanden weiß und einverstanden bleiben möchte, und mir eine Erklärung zu erlassen, die mich an die symbolischen Bücher bindet.“ (275)

Nun war klar: Werner hatte in einem offiziellen Brief ausgesprochen, dass er mit den Bekenntnisschriften nicht übereinstimme. Damit hatte er wiederholt, was er früher inoffiziell schon einmal gesagt hatte:

> Ich habe nach reiflicher Überlegung die Überzeugung gewonnen, daß eine Verpflichtung auf Glaubenssätze, welche Menschen aufgestellt haben, gegen die evangelische und protestantische Freiheit ist.[77]

Das Konsistorium bemühte sich, Werner eine Brücke zu bauen. In einem Brief der Oberkirchenbehörde vom Dezember 1850 heißt es: „Sie verkennt [in Werners Erklärung] die darin sich aussprechende Innigkeit und Wärme für das Heilige nicht, so wie sie das eifrige Bestreben, mit aller Kraft dahin zu wirken, daß das Reich Gottes in seiner vollen Herrlichkeit komme, daß Christus je mehr und mehr der lebendige Mittelpunkt der Gemeinde werde und daß die Liebe als das Band der Vollkommenheit alle Glieder derselben in eines verbinde, nach seinem ganzen Wert zu schätzen weiß.“(278 f.) Sie wünsche deshalb eine Verständigung mit ihm. Es würde aber bei den bekenntnistreuen Gliedern der Kirche „Anstoß erregen“, wenn die Kirchenleitung nicht darauf bestehen würde, dass er die Bekenntnisformel unterschreibe. Um ihm die Unterschrift zu erleichtern, erklärte sie, dass es kein Schwören auf Worte (iurare in verba) sei, sondern das Bekenntnis nur die weitesten Schranken ziehe, um die Kirche zusammenzuhalten.

Werner überlegte ernsthaft, ob er nicht doch über diese Brücke gehen solle, die ihm die Kirchenleitung zu bauen versuchte. Er konnte doch im Allgemeinen zum Glaubensbekenntnis ja sagen und sich im Einzelnen die Freiheit herausnehmen, eine davon abweichende Position zu vertreten? In diese Überlegungen hinein und während er seine Antwort abfasste, gelangte eine Druckschrift mit dem Titel „Liebe Brüder!“[78] an die Öffentlichkeit. Verfasser waren die Oberhäupter der Stuttgarter Pietisten.

---

[77] Wurster, a. a. O., 133.

[78] Kirchhofer, Jakob Johann u. a.: Liebe Brüder!, Stuttgart, Januar 1851.

Offensichtlich hatte ihnen jemand die dem Konsistorium gegebene „Erklärung" Werners zugespielt. Diese ließen sie – ohne vorherige Rückfrage bei Werner – nachdrucken und verschickten sie an „alle Brüder im Lande", versehen mit einem äußerst scharfen, Werner aburteilenden Nachwort. Am Schluss des Nachwortes wird unverkennbar eine Drohung ausgesprochen: „Ob die kirchliche Behörde unter diesen Umständen zu Werner's Wirken schweigen kann, und es wagen darf, auf Kosten biblischer Wahrheit und des vaterländischen Glaubensbekenntnisses einen Frieden einzugehen, um Trennung zu verhüten, wollen wir erwarten; geben aber zu bedenken, ob die bisher an dem Bekenntnis der evangelischen Kirche treu gebliebenen Glieder und deren Nachkommen keine Berücksichtigung verdienen (...). Zumal nicht abzusehen ist, wohin es führt, wenn jedem neu auftauchenden Geist Raum gelassen wird; auch wohl zu bedenken ist, ob nicht die Verhütung eines Bruches mit Werner einen gefährlicheren von anderer Seite her veranlaßt."[79] Zwischen den Zeilen war klar ausgesprochen: Entweder die Kirchenleitung wirft Werner aus dem Pfarrdienst hinaus oder pietistische Gruppen spalten sich von der Kirche ab.

Damit war eine friedliche Verständigung fast unmöglich gemacht. Werner wurde durch das Vorgehen der Stuttgarter Pietisten darin bestärkt, seine Unterschrift unter die Bekenntnisschriften zu verweigern. Den Kampf zwischen den Württemberger Pietisten und ihm deutete er als einen Kampf zwischen dem Neuen und dem Alten:

> Der Kampf zwischen mir und jener Partei ist nicht zu vermeiden, er liegt in der Natur der Sache und ist in manchfacher Form schon in der Kirche dagewesen; in mir wird ein Neues bekämpft, das, ob wahr oder nicht wahr, als ein für die weitere

[79] A.a.O., 17f.

Entwicklung der Kirche nötiger Sauerteig von vielen wird anerkannt und eben als das Echte sich erweisen wird, wenn es den Kampf besteht, der von allen Seiten gegen dasselbe geführt wird. (282)

Am 31. März 1851 gab das Konsistorium einen Erlass heraus, es könne Werner „nicht mehr als zu den Kandidaten des evangelischen Predigtamtes gehörig betrachten" (286). Fortan sei ihm weder erlaubt, eine Kirche zu benutzen, noch dürfe er Vertretungsdienste für einen Pfarrer übernehmen. Damit war ein Schlussstrich unter den über ein Jahrzehnt sich hinziehenden Konflikt zwischen der Landeskirche und Werner gezogen worden. Aus seinem Talar ließ er Kleider für zwei Konfirmandinnen machen. Am Abendmahl in der Kirche nahm er fortan nicht mehr teil. (478) Den Austritt aus der Kirche schien Gustav Werner aber nie erwogen zu haben. Er blieb. Leidend.

Nun ist es entschieden, und ich zum Weinberg hinausgestoßen, nicht im Stillen, sondern vor der ganzen Gemeinde. Die Menschen haben mir die geistliche Würde genommen; am Palmsonntag mußte ich zum erstenmal die Kirche lassen, an diesem Tag wurde auch im Amtsblatt der Erlaß des Konsistoriums veröffentlicht, der mich richtet.[80]

Natürlich stellt sich die Schuldfrage. Wer hat die Hauptverantwortung, dass es so kommen konnte? *Die Kirchenleitung*, weil sie nicht den Mut hatte, sich vor einen ihrer Pfarrer hinzustellen? Dachte sie, kirchenpolitische Rücksichten nehmen zu müssen, etwa gegenüber manchen pietistischen Gruppierungen? Hätte es nicht genügt, wenn sie gesagt hätte, dass Werner sich bereits bei seinem Eintritt in den Pfarrdienst mit seiner Unterschrift auf die

[80] Wurster, a. a. O., 182 f.

Bekenntnisse und Ordnungen seiner Kirche verpflichtet habe? Musste man ihm – im Gegensatz zu seinen Amtskollegen – eigens die Verpflichtung auf die Bekenntnisse noch einmal abfordern?

Welche Schuld trifft *die Pietisten*? War es nötig, dass sie an Werner einen Ketzerhut verteilten? Warum konnten sie nicht akzeptieren, dass es verschiedene Ausprägungen des evangelischen Glaubens gibt? Konnte nicht auch der Glaube eines evangelischen Geistlichen von Swedenborg geprägt und gefärbt sein? Hatte nicht ihr Kesseltreiben gegen Werner etwas zutiefst Unchristliches?

Und *Werner* – welche Schuld trifft ihn? Musste er mit seinem überbordenden Sendungsbewusstsein, mit seinem von keinem Zweifel angekränkelten „Wissen" um das Kommen der neuen, johanneischen Kirche nicht überheblich wirken? Fehlte ihm manchmal die demütige Einsicht in seine bruchstückhafte Erkenntnis, was der richtige Weg für die Kirche sei? Fehlte ihm das Verständnis dafür, dass es für den Zusammenhalt der Organisation Kirche gemeinsame Bekenntnisse braucht, auch wenn sie noch so weit gefasst sind?

Die Fragen zeigen, dass sich die Schuldfrage nicht einfach in einem Schwarz-Weiß-Schema auflösen lässt. Tatsache ist, Vertreter der Pietisten hatten ihr Ziel erreicht, und Werner war am Ende der Hauptleidtragende. Rückblickend muss man auf jeden Fall sagen, dass es aus kirchlicher Sicht zutiefst zu bedauern ist, dass Werner aus dem Pfarrdienst der Landeskirche entlassen wurde. Die Kirche brauchte sehr lange, um zu begreifen, was sie an diesem vermeintlichen Außenseiter hatte. Mehr als hundert Jahre nach Werners Ausschluss aus dem Pfarrdienst gab es ein von Seiten der Landeskirche offiziell geäußertes, wenn auch vorsichtiges Bedauern. 1959 sagte Landesbischof D. Martin Haug: „Es ist zu spät – ich sage es mit Beschämung – es ist zu spät, dem Vikar Werner der Kirche Hand zu drücken. Aber es ist nicht zu spät, sein Werk heute dankbar zu grüßen und dieses Werk heute von der Kirche her freudig zu fördern."[81]

Zu Lebzeiten Werners wuchs die Bewunderung für ihn in kirchlichen Kreisen, je mehr die soziale Frage ins Bewusstsein trat.

[81] Zitiert bei Schiebe, Magnus: Bewahren und Bewegen, beobachtet am Lebensbild Gustav Werners und seines Bruderhauses, 1973, 132.

„In der Fabrik soll Christus seinen Thron erhalten" – Die Reutlinger Papierfabrik und die Ausdehnung des Werkes (1850–1862)

Die soziale und wirtschaftliche Lage in Württemberg war in der Mitte des 19. Jahrhunderts katastrophal. Hagelschlag, Regenjahre und die Kartoffelkrankheit hatten an vielen Stellen zu Hungersnot und Verarmung geführt. In keinem anderen Land in Deutschland war die Zahl der Auswanderer so groß wie im Königreich Württemberg. Der „Gant" (Konkurs) war an der Tagesordnung. Viele Familien standen buchstäblich vor dem Verhungern. Ganze Dörfer wurden zu Armenkolonien.

Hellsichtig erkannte Werner, dass die Armut nicht nur durch Missernten bedingt war. Er sah, dass sie mit dem Strukturwandel von der Agrar- zur Industriegesellschaft zusammenhing:

> Die Verdienstlosigkeit in unserer Zeit ist nicht eine vorübergehende Erscheinung, welche bloß durch Mißwachs oder durch ungünstige politische Verhältnisse herbeigeführt worden wäre (...). – Den Einfluß obiger Ursachen in vollem Maße anerkennend, muß ich doch eine Hauptursache der steigenden Massenarmut in den großen Erfindungen und Entdeckungen der Neuzeit finden, welche immer mehr die Handarbeit durch Maschinen ersetzen und die Gründung großartiger Geschäfte zur notwendigen Folge haben, weil diese allein noch gewinnbringend sind, aber die Arbeit aus der Masse des Volkes ziehen und

auf einzelne Punkte konzentrieren; hierdurch werden kleinere Gewerbe immer mehr gedrückt und zuletzt vernichtet; und der Mittelstand, der bisherige Träger der Gesellschaft, sinkt zur Besitz- und Erwerbslosigkeit, zum Proletariat herab. Das Kapital, bisher zum Frommen der Gesellschaft auf viele Punkte verteilt, häuft sich an immer wenigeren Punkten an und erlangt ein Übergewicht über die Arbeit, das die Gesellschaft in die Länge nicht zu ertragen vermag; an den wenigen Punkten, wo es sich anhäuft, kann es allerdings Verdienst und Nahrung, oft in erhöhtem Grade, schaffen, wie sich dies in Fabrik-Distrikten zeigt; aber dies sind Oasen in einer Wüste; die Nahrungsquellen strömen nimmer befruchtend über das ganze Volk hin, sondern beschränken sich auf immer kleinere Kreise – und die große Masse verschmachtet in Armut und Not. Und wie traurig in sittlicher Beziehung sieht es in den meisten Fabrikorten aus! Zudem sind die Arbeitslöhne meist gedrückt und genügen nicht, oft nur die notwendigsten Lebensbedürfnisse zu befriedigen; daher die mannigfachen, oft ungerechten und gewaltsamen Bestrebungen, eine Erhöhung der Arbeitslöhne zu erzwingen; man geht hier von der Ansicht aus, daß der Kapitalist und Fabrikant es in ihrer Macht haben, die Arbeitslöhne zu erhöhen, wenn sie ihren Gewinn, welchen das Kapital oder Geschäft ihnen tragen soll, beschränken wollten; dies ist jedoch nur teilweise richtig, da die Arbeitslöhne meist durch die Konkurrenz der Fabrikanten und der Arbeiter bestimmt werden; der Verbrauch der Erzeugnisse nimmt ab, da das Volk immer ärmer wird und zu höheren Preisen nimmer kaufen kann; so sind die Fabrikanten genötigt, besonders wenn sich mehrere auf einen Artikel werfen, sich in wohlfeilen Preisen zu überbieten, was sie nur durch Herabsetzung der Arbeitslöhne bewirken können; dies wird ihnen auch leicht, da sich meist eine Menge Arbeitsloser hinzudrängt. (412f.)

Welch eine Klarsicht, mit der Werner die Massenarmut analysierte! Die Faktoren der Verelendung breiter Bevölkerungsschichten waren für ihn klar: Die durchaus großartig zu bewertenden Erfindungen der Neuzeit führen zur Verdrängung von Handarbeit und machen eine große Zahl von Arbeitern überflüssig. Die Arbeit und das Kapital konzentrieren sich immer mehr in großen Fabriken, während kleinere Betriebe verschwinden. Der Mittelstand sinkt zum Proletariat ab und verarmt. Das Kapital häuft sich in den Händen weniger und erlangt Vorrang vor der Arbeit. Es werden Löhne bezahlt, von denen es sich vielfach nicht mehr leben lässt. „Die armen Leute müssen wie die Kinder Israels um so geringen Lohn arbeiten, daß sie oft nicht die tägliche Nahrung herausschlagen."(200) Dass niedrige Löhne ausbezahlt werden, liegt aber häufig nicht an der Gewinnsucht der Fabrikbesitzer, sondern daran, dass die mangelnde Kaufkraft des verarmten Volkes jene zwingt, sich mit billigen Preisen und geringen Löhnen gegenseitig zu unterbieten. Außerdem fällt es den Unternehmern leicht, Armutslöhne zu zahlen, weil vor den Fabriktoren viele Arbeitslose um Arbeit anstehen.

Im Gegensatz zu fast allen Theologen in der Mitte des 19. Jahrhunderts machte Werner also nicht ursächlich den Abfall vom Glauben und die sittlichen Missstände für die Armut verantwortlich. Im Gegenteil: „Die äußere Not läßt dem Menschen nicht den rechten Boden mehr zum Frommwerden; sie stumpft ihn zu sehr ab. Es wird gewiß hier dem armen Volk Unrecht getan, wenn sein Zerfall einzig aus sittlichen Gründen hergeleitet oder nur ihm allein zur Last gelegt wird."[82] Allerdings lehnte es Werner auch ab, nur die äußeren Verhältnisse zu ändern. „So eng ist in unseren Tagen die Wechselwirkung zwischen innern und äußern Ursachen, daß jede Hilfe unzureichend ist, welche bloß

[82] Friedensbote, 2. Heft, 1851, 51.

eine Seite ins Auge faßt."[83] Beides ist notwendig: Die Menschen sittlich zu bessern und den Wohlstand zu heben. Gelingt dies nicht, meint Werner, „so steuern wir einem rettungslosen Abgrund zu, der uns alle zu verschlingen droht."(413)

Der Christ Gustav Werner wollte dem entgegensteuern. Wenn Liebe und Gerechtigkeit nicht nur wohlfeile Worte sein sollten, so mussten Wege gefunden werden, das Elend zu lindern und zu beseitigen. Und so ergriff er in den Jahren zwischen 1850 und 1862 im Wesentlichen drei Maßnahmen gegen die Massenarmut: Er gründete zusammen mit seinen Anhängern eine Reihe von *Vereinen.* Er bildete sodann ein Netz von *Rettungshäusern* über das ganze Land. Und er wurde schließlich – das unterschied ihn von allen Diakonikern im 19. Jahrhundert – selbst zum Besitzer eines *Industrieunternehmens.* Zunächst soll Werners Engagement in der Industrie in den Blick kommen.

Der äußere Auslöser, dass Werner selbst zum Unternehmer wurde, war eine revolutionäre Versammlung im Revolutionsjahr 1849. Für den Pfingstmontag diesen Jahres hatten demokratisch gesinnte Gruppen zu einer Volksversammlung nach Reutlingen aufgerufen. Etwa 20 000 Menschen aus nah und fern kamen zusammen. Sie beschlossen Maßnahmen zur Verteidigung der Reichsverfassung, eine allgemeine Volksbewaffnung, Abschaffung der Feudalabgaben und die Einberufung einer verfassungsgebenden Versammlung. Von einem Balkon des „Badhotels" in Reutlingen wurden die Forderungen an die Regierung verlesen.

Gustav Werner sei mit den Demokraten zwar darin einig, dass eine Rückkehr zu den alten politischen Formen nicht möglich sei und alle Versuche hierzu dauerhaft misslingen mussten. Nach der Auflösung der Ständeordnung bedurfte es auch für ihn einer neuen Ordnung. Dennoch konnte er sich ihren Forderungen nicht

[83] Ebd.

anschließen. Wohl auch deshalb, weil er politisch eher konservativ dachte und die Republik, den Kommunismus und die Anarchie gleichermaßen fürchtete.

Von der Kundgebung aufgewühlt, wanderte Werner mit Freunden auf den Reutlinger Hausberg, die Achalm. Oben auf dem Berg angekommen, betete er um den Segen und den Schutz für die Stadt Reutlingen und sein Vaterland. Vorher trug er seinen Freunden vor, dass es Zeit sei, „daß nun Christus als König der Gerechtigkeit bei uns einziehen und wir uns nun zu seinem Empfange richten und ihm eine Stätte bereiten sollten. Wie früher in Walddorf, so nun 12 Jahre später hier in Reutlingen, stellte sich mir als ernste Pflicht des Lehrers dar, daß ich nicht bloß von der Gerechtigkeit, die ins gesellschaftliche Gebiet, namentlich in die Industrie, eingeführt werden müsse, predigen dürfe, sondern mit der Tat selbst vorangehen müsse."(745 f.) Damit hatte er auf der Achalm seine weitere Marschroute abgesteckt: Er wollte, dass Gerechtigkeit und Liebe auch im konkreten Industriebetrieb zur Geltung kamen. Dass dies auch eine politische Stoßrichtung hatte, wird deutlich, wenn er sagt:

> Die drohenden Gefahren des Kommunismus und Sozialismus zu überwinden, vermag nur der *christliche* Gemeingeist; diesen in alle unsere gesellschaftlichen Verhältnisse, die fast unheilbar krank sind, namentlich in das gewerbliche Gebiet einzuführen, ist die größte Aufgabe unserer Zeit; von ihrer Lösung hängt unsere Rettung ab. Sie wird dadurch erreicht werden, wenn in einem lebendigen Beispiele eine Gemeinschaft zeigt, wie durch den Geist des Christentums die *Gesellschaft* und die *Arbeit* geordnet und gesegnet wird. (405 f.)

Bisher hatte Werner sich mit seinem Rettungshaus durchaus im Rahmen der damals üblichen diakonischen Aktivitäten bewegt. Was er nun plante, das war nicht nur für ihn selbst ein Wendepunkt, sondern etwas Neues in der entstehenden Diakonie des 19. Jahrhunderts: *der Aufbau einer „christlichen Fabrik"*! Doch konnte das gut gehen? Hatte er als Theologe dafür überhaupt das notwendige kaufmännische und technische Wissen? Musste man nicht für ein solches Unternehmen ein entsprechendes Betriebskapital mitbringen? War es denn möglich, im harten Konkurrenzkampf einen Betrieb nach christlichen Grundsätzen zu führen? Was eigentlich konnte „die Christlichkeit" eines Betriebes ausmachen? Und selbst wenn es gelänge, einen Betrieb ganz anders als üblich mit christlichen Prinzipien zu gestalten – bliebe das dann nicht eine kleine Nische, ohne dass sich Grundlegendes an der Situation der Arbeiter veränderte?

Es ist nicht anzunehmen, dass Werner Fragen dieser Art im Einzelnen bedacht und abgewogen hat. Er war kein nüchtern abwägender Mensch, sondern ein kühner, von einem tiefen Glauben getriebener Visionär. Er war zutiefst überzeugt, dass *jetzt* die Zeit gekommen sei, in der sich das Reich Gottes auf Erden verwirklichen solle, dass *jetzt* der rechte Zeitpunkt da sei, dass Liebe und Gerechtigkeit herrschen sollen statt Selbstsucht und Eigennutz. Gerade in den Fabriken, wo die Gefahr für die Gesellschaft am größten war, sah er auch „das Heilmittel verborgen für unsere kranken, bedrohlichen Zustände"(443). Sein Wunsch, eine Fabrik zu besitzen, wurde von daher immer größer.

Vielleicht hätte ihm sein Vater davon abgeraten, er, der Nüchternere von beiden, ein Finanzmann und Praktiker, versiert in politischen Fragen. Vielleicht hätte er ihn aufgefordert, bei allem Glauben an die Wirksamkeit Gottes die Kosten genau zu überschlagen. Vielleicht? Er sollte ihm nicht mehr als Ratgeber auf seinem Weg in die Industrie zur Verfügung stehen. Denn als Gustav Werner auf einer seiner Rundreisen unterwegs war, starb Johannes von Werner am 5. September 1849 unerwartet nach kurzer Erkrankung. „Meinen lieben Vater", sagte er später, „hätte ich um Rat gefragt, wenn dieser noch gelebt hätte, aber er war kurz vorher gestorben; und so rief ich meinen Gott um seinen Beistand an."(746)

Ein Jahr nach seiner Wanderung auf die Achalm erwarb Gustav Werner am 22. Mai 1850 eine seit mehreren Jahren leerstehende Papierfabrik an der Echaz in Reutlingen. Der erste Besitzer war bankrott gegangen, weil ihm für die Kosten der neuen Papiermaschinen die Gelder fehlten und nicht genügend Wasserkraft vorhanden war. Auch der zweite Besitzer scheiterte und musste Konkurs anmelden. Er hatte versucht, die Papierfabrik anzuzünden, um die Brandschutzversicherung abzukassieren. Der Brand aber konnte gelöscht werden, der Täter wurde bestraft. „So stand das ansehnliche Gebäude seit Jahren unbenutzt da, kein Käufer wollte sich mehr zeigen. Da konnte ich den Gedanken nicht von mir wegbringen, daß ich diese Papierfabrik kaufen und den Versuch wagen sollte, in einem größeren Geschäft die Gerechtigkeit des Königs Christus zur Ausführung zu bringen. Vor Menschenaugen war dies freilich ein tolles Untenehmen, da mir als Theologen alle Geschäftskenntnis fehlte."(746)

In der Tat, ein tollkühnes Unternehmen! Trotzdem nahm Werner die Verhandlungen mit dem Gläubiger in Ulm auf. An ihn war die Papierfabrik verpfändet worden. Werner kaufte die Fabrik schließlich für 40 000 Gulden. Das Werk musste zunächst grundlegend erneuert und auf einen neueren technischen Stand gebracht werden. Oberhalb der Stadt ließ er ein Beiwerk anlegen. Als einer der wenigen in Reutlingen entschied sich Werner für den Kauf einer Dampfmaschine, um die fehlende Wasserkraft der Echaz auszugleichen. Insgesamt musste er neben dem Kaufpreis für die Fabrik noch einmal rund 40 000 Gulden investieren. Er hatte auch noch den Streit mit einem Nachbarn der Fabrik zu bestehen, der sich gegen den Einbau einer Turbine wehrte. Die Turbine ließ er schließlich einsetzen, um die Wasserkraft zu verstärken. Er schrieb in diesen Tagen: „Ich habe so viel nach allen Seiten hin zu leisten, zu kämpfen und zu fragen, daß meine ganze Kraft bis zum letzten Tropfen aufgesaugt wird.“(197)

Ein Jahr dauerten die Instandsetzungsarbeiten, ehe die Fabrik am 7. Mai 1851 feierlich eingeweiht werden konnte. Werner berichtet:

> In der sechsten Morgenstunde versammelten sich alle Hausgenossen, Fabrikarbeiter und viele Freunde von der Stadt und auswärts, um dem Herrn Dank zu bringen für die treue wunderbare Hilfe, die er bis hierher geleistet, und seinen Segen zu erflehen für den gedeihlichen Fortgang des Werkes. Es war ein feierlicher Augenblick, und es läßt sich nicht mit Worten ausdrücken, was zwischen dem Herrn und seiner Gemeinde in dieser Stunde vorging. Alle waren von dem tiefen Gefühl durchdrungen, daß ein wichtiger Schritt vorwärts im Aufbau des Reiches Gottes geschehen sei, und daß ein, wenn auch geringer, Anfang damit gemacht sei, dem Herrn Christus die Reiche der Welt zu Füßen zu legen; das ganze Werk erschien wie ein Opfer, das vollendet und geschmückt war, um dem Herrn übergeben zu werden; in dieser Stunde wurde das Opfer angezündet und Weihrauch darauf gestreut: und *er nahm das Opfer gnädig an*, das ihm mit aufrichtiger und ganzer Liebe dargebracht wurde.[84]

Werner war überzeugt, dass die kranke Welt nur dann geheilt werden könne, wenn die Fabrik zum Tempel Gottes gemacht werde, in dem Liebe und Gerechtigkeit Wohnung nähmen. Bundespräsident Theodor Heuss hat dazu 1949 in seinem „Bekenntnis zu Gustav Werner“ bemerkt: „Nicht die Einzeldinge, daß aber ein Mann schreiben konnte, die Fabrik müsse zum Tempel ge-

[84] Der Friedensbote, 2. Heft, 1851, 53f.

macht werden, das ist das großartig Verwegene. In der Fabrik, in der der Herr dieser Welt bisher residierte, soll der König der Gerechtigkeit, Christus, seinen Thron erhalten; und dieses Wagnis allein, dieses Wagnis, es nur zu denken und auszusprechen, ist für mich, seit ich von Werner etwas weiß – und das ist frühe genug –, das zugleich Rührende und Ergreifende geblieben."[85]

Nachdem zu Beginn der Einweihungsfeier das Lied „Lobe den Herren" gesungen wurde, trug Werner ein selbst verfasstes Gedicht vor.[86] Zwei der sechs Strophen seien hier wiedergegeben:

Nimm, Herr, diese Opfergabe,
Dein gehöret Werk und Haus,
Du bist Herr hier, darum labe
Wen du willst, und teile aus
Vom Erwerbe Deinen Armen,
Schaffe Jedem die Gebühr!
Für Dein Lieben und Erbarmen
Leih'n wir gern die Hände Dir!

Rolle, rüstige Turbine,
Hauch' dem Werke Leben ein,
Daß sich rege die Maschine
Und die Räder groß und klein!
Schaff' dem Armen seine Speise
Und dem Nackenden sein Kleid!
Herrschen mög' in unserm Kreise
Liebe und Gerechtigkeit!

Anschließend an das Gedicht hielt Werner eine freie Rede. Zum Zweck des Werkes sagte er: „Dies Werk ist dem Herrn und seinem Namen gewidmet, es soll allein dem Zwecke dienen, meine

[85] Heuss, Theodor: Bekenntnis zu Gustav Werner. Reutlingen 1949, 17f.
[86] Das Gedicht ist abgedruckt in: Der Friedensbote, Heft 2, 1851, 54–56.

Ziele der christlichen Fabriken,
Liebe und Gerechtigkeit, Arbeit und Ausbildung (um 1858)

Mitmenschen zu beglücken; ihm, dem rechtmäßigen Herrn, übergebe ich es heute als sein volles, wahres Eigentum; möge er diese Opfergabe gnädig aus unsern Händen annehmen; er ist es wert, daß sie ihm werde. Solange ich wenigstens lebe und hier Haushalter bin, solang soll es keinem andern Zweck gewidmet werden als der Ehre Gottes und dem Heil der Menschen, – daß die Armen da Arbeit und Nahrung, die Elenden Hilfe und die Verfolgten Rettung finden. Nie soll dieses Werk zu weltlichen Zwecken verwendet werden; es soll ein Eigentum des Herrn bleiben für immerdar."(312) Ferner führt er aus: „Der Geist der Liebe und Gerechtigkeit (...) sollen in diesem Hause zur Herrschaft kommen und sie stets in demselben behalten; nichts wäre mir schmerzlicher, als wenn der Geist, in welchem dies Haus gegründet, gebaut und regiert worden ist, verdrängt würde und ein weltlicher Geist die Oberhand gewänne."(312)

Nachdem Werner seine Rede beendete hatte, wurden die Maschinen der Papierfabrik angeworfen. Begeistert über die Technik und den Lärm der laufenden Maschinen, sowie über die ersten produzierten Papierbögen erzählt Werner: „Wie die lieblichste Musik klangen uns die rauschenden Räder; mit freudiger Teilnahme sahen manche Bürger und Arme von hier dem wiedererstehenden Toten zu, der rüstig zu arbeiten begann, nachdem er Jahre lang in düsterer Grabesruhe verharrte. Mit Begierde ergriffen die Freunde die ersten Bogen – zum Anfang ein schlechtes Grau – um sie wie ein Heiligtum aufzubewahren."[87] Nach der Einweihung waren 130 Personen im Werk beschäftigt. Geliefert wurde unter anderem Papier für die Frachtbriefe der Postverwaltung und Druckpapier für die Deutsche Bibelgesellschaft.

War vorher zu hören, dass Werner vor den Gefahren und Risiken der Industrialisierung warnte, so wurde bei der Eröffnungsfeier ein anderer Ton angeschlagen: „Wie die lieblichste Musik klangen uns die rauschenden Räder." Ein Ton, der zu dieser Zeit im deutschen Protestantismus gänzlich ungewöhnlich war. Dort galt – zumindest bei seinen theologischen Vertretern – die Maschinenwelt als teuflische Bedrohung gegenüber der „heilen" Handwerker- und Agrarwelt. Gustav Werner bejahte dagegen die Technik und mit ihr die Großindustrie. In ihr, gerade in ihr, war für ihn Gott am Werk. Alles lag für ihn einzig daran, in der Industrie die Prinzipien der Gerechtigkeit und der Liebe zur Anwendung zu bringen. Gelänge es in einem modellhaften Betrieb die christlichen Grundwahrheiten zu leben, so würde eine solche

[87] A. a. O., 68.

Betriebsgemeinschaft auf die ganze Gesellschaft ausstrahlen und damit zur Lösung der sozialen Frage beitragen: „So werden diese Stätten des Fluchs in Stätten des Segens umgewandelt und werden Lichtpunkte werden wie die alten Klöster, von welchen Gesittung, Bildung, Liebe, Gerechtigkeit und eine allseitige Tüchtigkeit und Fertigkeit sich veredelnd und segnend in Wüsten der menschlichen Gesellschaft ausbreitet."(445)

Das ist, modern gesprochen, ein wunderbares Leitbild. Aber wie lässt sich das Leitbild in praktische Ziele des Betriebs übersetzen? Fünf Momente sind hervorzuheben:[88] Zum einen hoffte Werner, durch den Betrieb der Papierfabrik seine Rettungsanstalt finanziell unterstützen zu können und diese unabhängig von Spenden zu machen. Die Gewinne sollten also im Wesentlichen den Armen zugute kommen. Sodann wollte er Jugendlichen aus seiner Anstalt eine Lehrlingsausbildung ermöglichen. Ferner war es ihm wichtig, dass in der Fabrik auch Menschen mit Behinderungen, sogenannte „halbe Kräfte", in den regulären Arbeitsprozess eingegliedert werden konnten. Außerdem ging er davon aus, dass es ihm gelingen könnte, ein gerechtes Gleichgewicht zwischen Arbeit und Kapital zu schaffen. Eine Genossenschaft schien ihm die beste Form der Teilhabe aller am Unternehmen. Dadurch sollte unter den Arbeitern eine Gemeinschaft erreicht werden und ihnen neben einem besseren Auskommen zu einer „höheren Gesittung" verholfen werden. Und schließlich dachte er daran, den Arbeiter von übermäßiger Arbeit frei zu halten und etwas für seine Bildung zu tun. (428f.)

Um diese Ziele in seinem christlichen Modellbetrieb zu verwirklichen, wollte er ursprünglich nur eigene Leute anstellen, al-

[88] Vgl. Friedensblätter, Heft 4, 1853, 211. Ferner: Luckenheimer, Thomas: Gustav Werner und sein Modell einer christlichen Fabrik, in: Strohm, Theodor und Thierfelder, Jörg (Hg.), Diakonie im Deutschen Kaiserreich, Heidelberg 1995, 184–203: 190.

Papierfabrik zum Bruderhaus, Zeichnung von 1851

so solche, die zur Hausgenossenschaft gehörten oder als Pfleglinge in der Anstalt wohnten. Diese hatten keinen Lohn zu erwarten, sondern die Zusage, von der Gemeinschaft in allen Lebenslagen versorgt zu werden. Werner ging davon aus, dass durch die Hausgenossen der genossenschaftliche Geist in der Fabrik am ehesten gewährleistet sei.

Doch dieser Plan Werners ging nicht auf. Er sah sich gezwungen, Fachkräfte von außerhalb zu beschäftigen. Bereits 1853 kamen ebenso viele Mitarbeiter von außen wie solche aus dem Kreis seiner Hausgenossenschaft. Die externen Arbeiter hatten mit Werners Ideen aber, soweit bekannt ist, nicht viel im Sinn und wurden nach regulären Löhnen bezahlt. Auswärtige Arbeiter der Wernerschen Papierfabrik konnten in der Anstalt verpflegt werden, aber sonst hatten sie keine Vorteile gegenüber Arbeitern in anderen Fabriken. Werner wollte 1853 gar Tag und Nacht arbeiten lassen.[89] Soziale Zusatzleistungen wie eine Vorschusskasse und eine Lebensversicherung, auch Bildungsangebote gab es erst zu späterer Zeit.

Werner gelang es, eine Reihe seiner Zöglinge im Betrieb unterzubringen. Gewiss, ein großer Erfolg. Es wird von Werner auch berichtet, dass einige Hausgenossinnen freiwillig beim Sortieren und Zerkleinern der für die Papierherstellung notwendigen Lumpen mitgemacht hätten. Dadurch hätte sich dort auf dem „Lumpenboden", wo schwer erziehbare Mädchen von außerhalb mitarbeiteten, ein besserer Geist entwickelt.[90] Aber weder konnte Werner den Nachweis erbringen, dass es in seiner Fabrik, die mit rein christlichen Grundsätzen geleitet werden sollte, im Grunde anders ablief als in anderen, noch konnte der Betrieb Gewinn abwerfen, um die anderen Bereiche der Anstalt zu finanzieren.

Bald zeigt sich nämlich, dass die Papierfabrik nicht rentabel geführt werden konnte. Wegen des schmutzigen Wassers der Echaz war es oft nicht möglich, ein einwandfreies Papier herzustellen. Immer wieder gerieten Haare der weiter oben am Fluss gelegenen Gerbereien ins Papier. Bei Regengüssen musste die Arbeit tagelang eingestellt werden. Auch die Wasserkraft war ungenügend. Zwar versuchte man mit einer Dampfmaschine diesem Mangel abzuhelfen. Doch die Dampfkraft wurde durch die gestiegenen Holzpreise zu teuer. Die Papierherstellung war also im Vergleich mit anderen Papierfabriken nicht konkurrenzfähig.

[89] Vgl. Schmidt, Frieder: Von der Mühle zur Fabrik. Die Geschichte der Papierherstellung in der württembergischen und badischen Frühindustrialisierung, Urbstadt-Weiher 1994, 578.

[90] Meist wird diese viel strapazierte Erzählung von der Besserung der „verwahrlosten Mädchen" durch die Mitarbeit der Hausgenossinnen auf dem „Lumpenboden" als Beweis für die Christlichkeit von Werners Fabrik angeführt. Walter Göggelmann hat jedoch völlig Recht, wenn er dies als „moralistische(s) Nebengleis" wertet. (Ein Haus dem Reich Gottes bauen. Diakonie und Sozialform in Gustav Werners Hausgenossenschaft, Heidelberg 2007, 148).

Was tun? Den Industriebetrieb aufgeben? Das Experiment eines nach christlichen Grundsätzen geführten Werkes für nicht gelungen erklären? Das ließ Werners religiöse Überzeugung nicht zu:

> Wir haben keine Wahl, als entweder mit unserem Werk unterzugehen oder das Christentum zur *vollständigen Anwendung* zu bringen; denn nur durch eine solche kann unser Geschäft bestehen, ein halbes Christentum bringt es zum Untergang; soviel stellt sich uns bereits als eine teuer erkaufte Erfahrung und Wahrheit heraus: ein größeres Geschäft läßt sich nur mit Erfolg führen, entweder mit rein weltlichen oder rein göttlichen Trieben und Grundsätzen, wie sie das Christentum verlangt; ein *Mittelding ist unmöglich.* (455)

Es ging Werner also nicht nur darum, einen etwas sozialeren Betrieb zu schaffen, sondern eine neue, vom Christentum bestimmte gerechte Wirtschaftsordnung sollte im Kleinen entstehen.

Werners Absicht kann hier unkommentiert bleiben. Tatsache ist, dass es ökonomisch mit der Papierfabrik in der anfänglichen Form nicht lange gut gegangen wäre. Da geschah etwas, das dem industriellen Zweig der Wernerschen Anstalt eine Wendung gab: Der aus Oberglatt bei Zürich stammende Mechaniker Heinrich Schlatter (1810–1892) wurde Leiter der Fabrik. Schlatter hatte in der Schweiz den Bau von Papiermaschinen gelernt und war seit 1852 in der Pfullinger Papierfabrik Laiblin beschäftigt. In Pfullingen nahe Reutlingen hatte er Werners Vorträge besucht und sich mit seiner ganzen Familie 1856 der Hausgenossenschaft angeschlossen. Es gelang ihm, Werner zu überzeugen, dass seine Reutlinger Papierfabrik dauerhaft unrentabel sein werde und von daher umstrukturiert werden müsse. Schlatter versah die schon vorhandene anstaltseigene Schlosserei und Schmiede mit den nötigen Dreh- bzw. Hobelbänken und Bohrmaschinen und wandelte die Papierfabrik nach und nach in eine Mechanische Werkstätte um. Bald konnten hier nicht nur zusätzliche Personen Arbeit finden, sondern die Mechanische Werkstätte bot auch Möglichkeiten der Lehrlingsausbildung. 1860 bestanden sie bereits aus sieben Abteilungen: Dreherei, Montierwerkstätte, Modellschreinerei, Gießerei, Sandmühle, Putzhütte, Ackergerätewerkstatt mit Wagnerei und Schlosserei. Für eine Papierfabrik wurde nach einem neuen Standort gesucht. Was aus dem industriellen Zweig der Anstalt wurde, das wird in den nächsten beiden Kapiteln zu sehen sein.

Wir kommen nun zu Werners zweitem Versuch, der Armut in der Mitte des 19. Jahrhunderts zu begegnen: *zur Gründung der Zweiganstalten*. 1851 – im Gedicht bei der Eröffnungsfeier der Papierfabrik – war zum ersten Mal der Name „Bruderhaus“ für Werners Werk aufgetaucht. Der Name war wohl auch deshalb gewählt worden, weil für Werner *alle* Mitmenschen als „Brüder“, die Armen, Schwachen und Verwahrlosten als jüngere und schwächlichere Geschwister anzusehen waren. Diesen Geschwistern wollte Werner nun auch außerhalb Reutlingens zu Hilfe kommen.

Viele Menschen waren buchstäblich am Verhungern. Werner hatte durch seine Reisepredigten einen unmittelbaren Eindruck vom Elend im Land. „Dürfen wir“, fragt er in seiner Hauszeitung, „bei solcher Not gleichgültig bleiben, muß sie uns nicht auffordern, unsere äußersten Kräfte anzustrengen, und uns auch Entbehrungen und Opfer aufzulegen, damit wir nur auch etwas zu ihrer Linderung beitragen können?“[91]

In der Gemeinde Fluorn (Oberamt Oberndorf) im Schwarzwald war das Elend besonders groß. Zwei Jahre hintereinander hatte der Hagel die Feldfrüchte völlig vernichtet. Eine Kartoffelkrankheit kam hinzu. Zwei Drittel der etwa dreihundert Bewohner gerieten in Gant (Konkurs), siebzig Kinder fielen der öffent-

[91] Sendbrief, Februar 1854, 30.

lichen Fürsorge anheim. Viele Bewohner waren aus Mangel an Nahrung so entkräftet, dass sie beim besten Willen nicht arbeiten konnten. Über den Besuch bei einer Familie in Fluorn schreibt Werner:

> Durch die ärmliche Küche, deren ganzes Mobiliar in einigen zerbrochenen Häfen besteht, gelangen wir in ein Zimmer, der Boden ist mit Steinplatten belegt, die Wände kahl, kein Kasten, keine Kommode zeigt sich unseren suchenden Blicken, eine Kiste, ein kleiner Tisch, ein Ofen, 2 Stühle und eine Bettlade bilden die ganze Ausrüstung desselben. In der Bettlade liegt ein Haufen Stroh, auf demselben ein Tuch, von dem aber das Stroh nicht ganz bedeckt wird; ferner ein Strohhäupfel und eine breite, fast leere Decke, – dies ist alles, was Vater, Mutter und 3 Kinder besitzen, um sich während der Nacht zu bedecken. Das kleinste, 6 Wochen alte Kind wird auf den Tisch oder die beiden Stühle gelegt, mit einigen alten Kleidern als Unterlage und einem kleinen Kissen als Decke. Der Vater ist ein geschickter Schreiner, aber er findet keine Arbeit im Orte und um sich weiter umzusehen, fehlen ihm die Kleider, die er veräußern mußte, um Brot kaufen zu können.[92]

Der örtliche Pfarrer erließ einen Aufruf um Hilfe. Werner verstärkte diesen in seinen Vorträgen und bat seine Zuhörer um Aufnahme der Kinder aus dem Ort. 26 Kinder konnten untergebracht werden, darunter einige im Bruderhaus in Reutlingen. Aber es blieben immer noch unversorgte Kinder zurück. Da wandte sich der Oberamtsrichter Heim aus Oberndorf, der Sohn des früheren Schultheißen von Walddorf, an Werner und bat ihn, die in Konkurs geratene „Pochenmühle“ in Fluorn mit vierzig Morgen Feld zu kaufen und dort eine Anstalt zu gründen. Werner beriet sich mit Freunden und entschloss sich dann zum Kauf.

[92] Sendbrief, Februar 1855, 142f.

Er erwarb neben der Mühle noch ein zweistöckiges Wohnhaus mit Scheune und Stallung, eine Sägemühle sowie Werkhallen. Mit Erhard Kumm und dessen Frau sowie Christian und Jakob Härlen sandte er vier Hausgenossen aus seiner Reutlinger Anstalt nach Fluorn, die sich nicht nur um die Kinder kümmern, sondern auch eine Landwirtschaft aufbauen sollten.

Im Mai 1854 wurden vierzig Kinder des Ortes vom Pfarrer und dem Gemeinderat feierlich übergeben. Rasch konnte der Grundbesitz der Anstalt erweitert werden. Die zum Teil verödeten Felder wurden urbar gemacht. Fahrwege und Feldwege wurden angelegt, Gestrüpp und Hecken beseitigt, mit Kunstdünger die Erträge gesteigert. Bald begann sich die Anstalt selbst zu tragen. Innerhalb weniger Jahre war der heruntergekommene Betrieb in eine blühende landwirtschaftliche Anlage verwandelt worden. Hier ist mit den Händen zu greifen, wie Werner in den Fußstapfen Oberlins wandelte; was Oberlin im Steintal tat, versuchten Werner und seine Hausgenossen hier im Schwarzwald.

Die Anstalt in Fluorn nahm insbesondere männliche Jugendliche auf, die in der Landwirtschaft eingesetzt werden konnten, zumal Werner der Meinung war, dass Arbeit für die „verkommene Jugend“ das beste Heilmittel sei. Insgesamt lebten in der Tochteranstalt in Fluorn zwischen sechzig und neunzig Personen.

Fluorn war nur die erste von vielen weiteren Tochteranstalten. Es folgten rasch aufeinander die Anstalten in Rodt, Schernbach und Göttelfingen. Rechnet man auch kurzfristige Gründungen hinzu, so kam es bis 1862 zur Gründung von 31 Zweiganstalten. Wie ein Netz spannte sich damit Werners Gesamtwerk, das Bruderhaus, über das Königreich Württemberg, vom Schwarzwald bis ins Hohenlohische, vom Unterland bis nach Oberschwaben. Werner besuchte jede Zweiganstalt möglichst alle vierzehn Tage, um als die unangefochtene Autorität des Bruderhauses das Gefühl der Zusammengehörigkeit der einzelnen Anstalten wachzuhalten. Man kann erahnen, welche körperlichen Anstrengungen Werner auf sich nehmen musste, um zu den teils abgelegenen und unwegsamen Anstalten zu gelangen. Er legte Wert darauf, dass Reutlingen das erste Haus, das „Mutterhaus“ blieb. Die weiteren Häuser wurden Tochteranstalten genannt, die in ständiger Beziehung zum Mutterhaus bleiben sollten. Die Leiter der jeweiligen Tochteranstalten hatten meist auch einige Jahre vorher im Mutterhaus gelebt. Hier im Mutterhaus in Reutlingen waren in den Jahren von 1850 bis 1862 ebenfalls eine stattliche Anzahl von Gebäuden hinzugekommen. Unter anderem hatte Werner den ehemaligen Gasthof „Alte Krone“ gekauft.

Die Mitglieder sämtlicher Anstalten erhielten in diesen Jahren keinen Lohn. Es war vorgesehen, dass die Zweiganstalten ihre Kosten aus den eigenen Einnahmen der Landwirtschaft und der industriellen Tätigkeit zu bestreiten hatten. An industriellen Unternehmungen gab es etwa eine Gipsmühle, eine Ziegelei, Webereien und Färbereien. Überschüsse, die man erwirtschaftete, wurden für andere Anstalten verwendet, bei Mangel war Umgekehrtes der Fall. Die Anstalten waren nicht nur zur Versorgung Bedürftiger gedacht. Sie waren auch Treffpunkte der Gemeinschaft, in denen sich die „Bruderhäusler“ zu Festen, zu Andachten und Besprechungen trafen. Für Werner waren sie auch „Brennpunkte« der christlichen Liebe, die in die Umgebung ausstrahlen sollten. In den Anstalten sollte eine gerechtere Ordnung der Gesellschaft musterhaft vorgelebt werden.

Dass sich bis 1862 eine solche Zahl von Tochteranstalten bilden konnten, war nur möglich, weil die Zahl der Hausgenossen ständig zunahm und sich die einzelnen Hausgenossen von „Vater“ Werner gehorsam dorthin schicken ließen, wo er es für am Nötigsten hielt. 1862 sollen insgesamt 1748 Personen im Mutterhaus Reutlingen und den Tochteranstalten gelebt haben, davon waren 227 Hausgenossen. Das bedeutet aber, dass der weit größere Teil Pfleglinge waren, also Kinder, Kranke, Behinderte und Gebrechliche. Allein an dieser Zahl wird deutlich, welche enorme Leistung die Hausgenossen vollbrachten, zumal die Kostgelder für die Pfleglinge nur in geringem Maße flossen.

Ein Aspekt verdient dabei besondere Beachtung: Werner vertrat den Grundsatz, dass es besser sei, Arbeit zu schaffen als Almosen zu verteilen. Es kam für ihn darauf an, die Armen zur Selbsthilfe zu aktivieren, ihre Verantwortung zu stärken und sie aus der Lethargie zu holen. Er selbst unternahm zu diesem Zweck eine Reihe von Maßnahmen, um einen, mit heutigen Worten gesprochen, subventionierten Arbeitsmarkt zu schaffen: So führte er Spinnereien und Stickereien ein, auch wenn sich die Fertigung nicht lohnte und durch Spenden unterstützt werden musste. Ältere und Angeschlagene konnten seiner Meinung nach in einem anderen Arbeitszweig gar keinen Fuß mehr fassen. Deshalb sollten sie ein altes, unrentabel gewordenes Handwerk durchaus fortführen können. Werner stellte ihnen – mit Spendengeldern finanziert – Hanf, Flachs und Wolle zur Verfügung und verschenkte dann die fertigen Kleider und Strümpfe wiederum an Arme. Auf dem Gebiet der Landwirtschaft versuchte er, Menschen beider Geschlechter und jeden Alters zu gemeinnützigen Arbeiten zu bewegen, wie zum Beispiel dem Eindämmen von Bächen, der Herstellung von Wegen und dem Anbau von Pflanzen.

Neben dem Aufbau der Fabriken und der Gründung von Tochteranstalten gab es noch einen dritten Weg, auf dem Werner die Armut bekämpfte: durch die *Gründung von Wohltätigkeitsvereinen.* In solchen damals wie Pilze aus dem Boden schießenden Vereinen zeigte sich für Werner das Bedürfnis seiner Zeit nach Brüderlichkeit und nach Überwindung der Selbstsucht.

Von den zahlreichen Vereinen, die Werner (mit-)gründete, seien hier zwei genannt. 1852 wurde der „*Verein zur Beschäfti-*

gung brotloser Arbeiter" mit Sitz in Stuttgart aus der Taufe gehoben. In einem eigenen Haus in der Landeshauptstadt konnten an Arbeitlose Arbeiten vergeben und die von ihnen gefertigten Produkte verkauft werden. Rund 180 Personen sollen beispielsweise im Jahr 1852 durch den Verein Arbeit erhalten haben. Voller Hochachtung urteilte der Stuttgarter Dekan: „Auf dem Gebiet der Armenpflege kann man teils was die Organisation der Vereine und ihrer Wirkungskreise, teils was Mittel und Grundsätze beim Arbeitgeben und Unterstützen betrifft, viel von Werners Anhängern lernen, die zum Teil zu großen Opfern an Zeit und Geld für diesen Zweck tätig sind. Von der erfinderischen und ausdauernden Geschäftigkeit in der Fürsorge für die hiesigen Armen gibt der letzte Rechenschaftsbericht des ‚Vereins zur Beschäftigung brotloser Arbeiter der Stadt Stuttgart' Probe."[93]

Eine wichtige Rolle spielte der ebenfalls 1852 von etwa fünfzig Personen gegründete „*Verein zur gegenseitigen Hilfeleistung*", kurz: „*Hilfsverein*" genannt. Die Mitglieder des Hilfsvereins verpflichteten sich, die Liebe zu Gott und zum Nächsten in der ganzen Lebensführung sichtbar zu machen. Sie sollten sich gegenseitig zu Arbeit und Verdienst verhelfen, sowie einander ihre Erzeugnisse abnehmen. Man hoffte, dadurch der Verarmung des Mittelstandes entgegenzusteuern. Die Mittel des Vereins, die sich aus Jahresbeiträgen und Spenden zusammensetzten, sollten benutzt werden, um den Mitgliedern Darlehen für den Erwerb von Grundstücken und zum Betrieb eines Gewerbes zu geben. Im Kern war der Verein eine landwirtschaftlich-gewerbliche Darlehnskasse, wie sie zur selben Zeit auch von Friedrich Wilhelm Raiffeisen (1818–1888) aufgebaut wurde. Beispielsweise gab man Landleuten, die sonst oft Wucherzinsen zu zahlen hatten, Darlehn mit niedrigen Zinssätzen zum Ankauf von Vieh. 1852 hatte der Verein bereits 533 Mitglieder und eine eigene Ge-

[93] Wurster, a. a. O., 204.

schäftsstelle in Stuttgart. Doch war schon nach wenigen Jahren zu erkennen, dass die Breitenwirkung des Vereins sehr gering ausfiel und die vorhandenen Mittel für eine wirksame Darlehnskasse zu niedrig waren.

So verlagerte sich die Aufgabe des Vereins mehr und mehr hin zur Unterstützung des Bruderhauses. Folgerichtig wurde er 1859 in den „*Verein zum Bruderhaus*" umgewandelt. In der Satzung hieß es: „Der Verein sucht fürs erste seinen Mitgliedern das möglichste geistige und leibliche Wohl zu schaffen, fürs andere, soweit seine Mittel reichen, seinen Mitmenschen, namentlich dem notleidenden Teil derselben, Hilfe zu leisten; er gründet daher Anstalten für Erziehung der Kinder, Pflege der Kranken, Gebrechlichen, Alten und Verlassenen, industrielle und landwirtschaftliche Unternehmungen für Erwerbung der äußeren Mittel, Bildung der männlichen Jugend und Beschäftigung der Armen." (436) Aber die Gründung bzw. Umwandlung des Vereins hatte noch einen ganz anderen Sinn. Das Werk war nämlich inzwischen finanziell ins Schlingern geraten. Das heißt, es waren dringend finanzielle Mittel zu beschaffen, sollte das Bruderhaus nicht Konkurs anmelden müssen.

Die Krisensymptome waren Ende der 1850er Jahre schon an allen Ecken und Enden zu spüren. Bevor aber von der Krise im übernächsten Kapitel die Rede sein wird, sollen jetzt zwei Männer in den Blick kommen, die Automobilgeschichte geschrieben haben.

„Mit Gustav Werner stets in dankbarer Fühlung" – Maybach und Daimler im Bruderhaus

Am 20. März 1856 erschien im „Stuttgarter Anzeiger" eine anrührende Annonce mit folgendem Inhalt: „Bitte an edle Menschenfreunde für 5 vater- und mutterlose Knaben von 12 bis 4 Jahren. Die Mutter dieser 5 Waisen starb vor 3 Jahren, und der Vater fand kürzlich seinen Tod in einem See in Böblingen; da sie nun gar keine Mittel zu ihrer Erhaltung haben, auch an Kleider und Weißzeug sehr entblößt sind, so ergeht daher die herzliche Bitte an wohltätige Menschen, sich der armen Kinder durch Liebesgaben annehmen zu wollen, auch die kleinste Gabe ist willkommen. Beiträge übernehmen und werden zu seiner Zeit Rechenschaft ablegen: Louise Kauffmann, verlängerte Hauptstätterstraße Nr. 77, 3. Tr. Catharine Loit, im Mangold'schen Handschuhladen, Königsstraße Nr. 45."[94]

Einer dieser fünf Vollwaisen war der damals zehnjährige Wilhelm Maybach, der spätere „Vater des Mercedes" und „König der Konstrukteure". Wilhelm Maybach kam 1846 als zweiter Sohn der Eheleute Carl Maybach aus Löwenstein und Luise Barbara Maybach, geborene Dannwolf aus Böblingen, zur Welt. Sein Vater war von Beruf Schreiner und hatte einen eigenen Betrieb in Heilbronn. Weil sein Geschäft schlecht lief, musste er es aufgeben und siedelte 1851 mit der Familie nach Stuttgart über. Dort ar-

[94] Die Annonce ist abgebildet bei Niemann, Harry: Wilhelm Maybach. König der Konstrukteure, Stuttgart 19972, 13.

Wilhelm Maybach (1846–1929)

beitete er als Schreinermeister in einer Klavierfabrik. Die Mutter Wilhelm Maybachs starb schon 1853 in Stuttgart, drei Jahre später dann auch der Vater. Er ertrank im Oberen See in Böblingen; vermutlich hat er aus Verzweiflung den Freitod gesucht. Eine Verwandte, die bis dahin für die fünf Jungen gesorgt hatte, sah sich nach dem Tod des Vaters dazu nicht mehr in der Lage und gab die erwähnte Anzeige auf.

Offensichtlich hatte auch Gustav Werner von der „Bitte an edle Menschenfreunde" erfahren. Als er auf einer seiner Vortragsreisen in Stuttgart weilte, zögerte er nicht und nahm Wilhelm Maybach 1856 in die Anstalt des Bruderhauses nach Reutlingen mit. Dort wohnte Maybach im Haus „Gotteshilfe". In seinen Erinnerungen[95] schildert er, wie er sich in Reutlingen bald heimisch gefühlt hat. Er fand gute Kameraden und eine liebevolle Behandlung als Waisenkind. Jede Stunde wurde in der Anstalt ausgenutzt: Neben dem Besuch der anstaltseigenen Schule im Bruderhaus musste er im Feld, im Stall und im Garten mitarbeiten. Im Winter hatte sich der Junge an Strickarbeiten zu beteiligen. „Früh mußten wir zu Bett und früh wieder heraus, was auch später meine Gewohnheit blieb." So erinnerte er sich als alter Mann und machte damit deutlich, wie ihn das Bruderhaus und „Vater" Werner fürs Leben geprägt hatten. Am Sonntag und in den Ferien nahm er an Wanderungen unter Begleitung älterer Hausgenossen und Werners zu den Zweiganstalten des Schwarzwalds teil. Ziel der Ausflüge mit Werner waren auch Fabriken, wie etwa die Gewehrfabrik von Mauser in Oberndorf.

Ursprünglich waren seine Betreuer im Bruderhaus der Meinung, Maybach solle Bäcker und Konditor werden. Doch seine früh erkennbare zeichnerische Begabung führte dazu, dass Werner, der einen sicheren Blick für die Stärken seiner Schützlinge hatte, den 15-Jährigen als Lehrling in das technische Büro der Mechanischen Werkstätte steckte. Er sollte zum technischen Zeichner ausgebildet werden. Von 1861 bis 1866 absolvierte er eine Lehre. Abends nach der Lehre ging er in die städtische Fortbildungsschule, wo ihm Physik und perspektivisches Zeichnen beigebracht wurde. Wie begabt er in Letzterem war, zeigt seine Zeichnung des Bruderhauses in Reutlingen, die in diesem Buch abgedruckt ist (s. S. 147). Gegen Ende seiner Lehrzeit schickte ihn Werner für die mathematischen Fächer noch auf die Oberrealschule. Morgens vor Beginn der eigentlichen Arbeitszeit nahm er bei einem Angestellten der Firma Sprachunterricht in Englisch und Französisch, auch einen Stenografiekurs besuchte er.

Das Beispiel Maybachs macht deutlich, wie viel Wert Werner auf die Ausbildung seiner Lehrlinge legte. Das war zu dieser Zeit

[95] Maybach, Wilhelm: Daten und Erinnerungen aus meiner Jugend, Ms. masch. vom 18. Januar 1922, Archiv der BruderhausDiakonie.

keineswegs selbstverständlich. Die Betriebe hatten in der Regel keinerlei Interesse an einer soliden Ausbildung; sie scheuten die Kosten und bevorzugten bereits ausgebildete Arbeiter und Handwerker. Werner sah in der Bildung von Menschen eine urchristliche Aufgabe.

> Da nur ein Mensch, der seine Gaben zu nützlicher Tätigkeit ausgebildet hat, göttliche Tugenden sich aneignen und ausüben kann; so folgt weiter als ein Recht für den Menschen, dass ihm die Möglichkeit gegeben wird, für irgendeinen irdischen nutzbringenden Beruf sich tüchtig zu machen und ihn auszuüben. (608)

Sein Ansinnen, die Lehrlinge als bewusste Christen zu gewinnen, gelang ihm allerdings kaum. So stellt er fest:

> Nirgends lernt man so sehr seine Schwachheit fühlen (...), als wenn man sich an die Aufgabe, deren richtige Lösung für unsere Zeit vor allen anderen zu erstreben ist, hingeführt sieht, in die Jugend und die Arbeiterwelt das Christentum als eine rettende, bildende und belebende Macht einzuführen.[96]

1865 beendete Maybach seine Lehre und blieb als technischer Zeichner im Bruderhaus tätig. Abends erteilte er den Lehrlingen Unterricht. Am 1. Januar 1869 erhielt er als Zeichner einen Arbeitsvertrag[97], der auch von Werner unterschrieben wurde. Darin finden sich unter anderem die Vereinbarungen, dass Maybach die Aufsicht über die im Büro Beschäftigten haben sollte und er „auf möglichste Sparsamkeit auf Zeichnungs Materialien“ zu achten habe. Die sprichwörtliche schwäbische Sparsamkeit hielt also selbst Einzug in einen Arbeitsvertrag. Maybach bekam monatlich

[96] Friedensblätter, Heft 6, 1885, 45.
[97] Handschriftlich im Archiv der BruderhausDiakonie. Damals heißt es noch „Dienst Vertrag“.

Gottlieb Daimler (1834–1900)

48 Gulden als Lohn. Bei Krankheit sollte er zwei Monate lang Lohnfortzahlung erhalten. Hier zeigt sich, dass es zu dieser Zeit in den Betrieben des Bruderhauses bereits betriebliche Sozialleistungen gab.

Entscheidend für Maybach wurde die Begegnung mit einem Mann, der seine außergewöhnliche Begabung schnell erkannte: Gottlieb Daimler. Daimler war gelernter Büchsenmacher und hatte nach dem Besuch der Landesgewerbeschule in einer Maschinenbaufabrik im Elsass gearbeitet. Nach dem Studium des Maschinenbaus am Polytechnicum in Stuttgart und Studienaufenthalten in England und Frankreich war er in der Maschinenfabrik in Geislingen (die Vorgängerin der heutigen Firma WMF) als Zeichner eingestellt worden. Von dort trat er 1863 als technischer Leiter in die „Vereinigten Werkstätten zum Bruderhaus" ein.

„Vereinigte Werkstätten“, später „Maschinenfabrik“, so hieß die Reutlinger Fabrik des Bruderhauses, die ursprünglich als „Mechanische Werkstätte“ aus der Papierfabrik hervorgegangen war.[98] 1862 übernahm die Firma das gesamte Anwesen der nach Dettingen verlagerten Papierfabrik. Eine Vielzahl unterschiedlichster Produkte wurde gefertigt. Die Spezialität waren Maschinen und Geräte, die man für die Papierherstellung und die Landwirtschaft benötigte. Im Auftrag der Württembergischen Eisenbahndirektion wurden auch Schienenkreuzungen produziert. Sogar Eisenbahnwagen sollen in den 60er Jahren hergestellt worden sein.

In einem Brief vom 21. Dezember 1863 schrieb Daimler an einen Freund: „Seit 14 Tagen bin ich in der Anstalt des Reisepredigers H. Werner angestellt als Techniker (...). Wir machen Turbinen, Mühleneinrichtungen, Transmissionen und landwirtschaftliche Maschinen; könntest Du mir die Mühleneinrichtungen und Pläne, die ich Dir geschickt habe, nicht bald zusenden, da ich sie jetzt selbst brauchen könnte; unser Geschäft ist in einem verwahrlosten Zustande, aus dem herauszubringen ich helfen soll; es ist ausser mir kein Techniker hier und ich habe eine schöne Aufgabe, wenn ich die Geduld habe, sie zu lösen.“[99]

Es wird deutlich, dass Daimler hauptsächlich geholt wurde, um den in einer Krise steckenden Betrieb zu modernisieren. Das scheint ihm auch gelungen zu sein. Es dürfte vor allem Daimlers

---

98 Die Firmenbezeichnungen sind äußerst verwirrend. So wird beispielsweise in den 1860er Jahren zum Teil nach wie vor der Begriff „Mechanische Werkstätte“ für den ganzen Betrieb verwendet, zum Teil als eine Unterabteilung der „Vereinigten Werkstätten“. Die Namen „Maschinenfabrik“ und „Vereinigte Werkstätten“ werden häufig synonym gebraucht.

99 Transkribierter Brief im Archiv der BruderhausDiakonie, Original im Mercedes-Benz Archiv, Stuttgart. Der Brief beweist im Übrigen, dass Daimler bereits 1863 ins Bruderhaus gekommen ist und nicht erst 1865, wie in allen mir bekannten Biographien über Daimler und Maybach zu lesen ist.

Arbeit zu verdanken sein, dass die Geschäftsjahre 1867 und 1868 sehr erfolgreich waren.

Die Hauptstütze Daimlers in Reutlingen wurde Wilhelm Maybach. Bis zu Daimlers Tod sollten die beiden Männer fortan zusammenarbeiten und die Automobilentwicklung nachhaltig beeinflussen. Gemeinsam entwickelten sie einen kleinen schnelllaufenden Benzinmotor, mit dem sie das Zeitalter des Automobils einläuteten, eine der epochalsten Erfindungen in der Geschichte der Technik. Maybach konstruierte 1901 den ersten „Mercedes", das Vorbild des modernen Automobils. Das aber geschah erst Jahre nach seiner Reutlinger Zeit. Es hat aber vielleicht eine symbolische Bedeutung, dass beide zur Zeit ihrer Beschäftigung in der Fabrik des Bruderhauses jeweils ihr erstes Patent anmeldeten, Daimler eine „neue Schaltvorrichtung an Sägewerken", Maybach eine „Heizvorrichtung an Vergoldungs- und Hochdruckpressen".

Auf die Dauer waren die technischen Herausforderungen für Daimler in den Vereinigten Werkstätten des Bruderhauses jedoch zu gering. So wechselte er am 1. Juli 1869 zur „Maschinenbau-Gesellschaft Karlsruhe" als technischer Leiter, eines der ersten Unternehmen, das sich mit dem Lokomotivbau beschäftigte. Zum Ausscheiden Daimlers aus den Vereinigten Werkstätten soll beigetragen haben, dass er Kleinmotoren herstellen wollte und für „diese ausgefallenen Ideen" kein Verständnis fand. Einen Augenblick mag man spekulieren, was geschehen wäre, wenn er im Bruderhaus dafür Unterstützung gefunden hätte. Wäre dann hier die Wiege des Automobils gestanden – denn seinen wichtigsten Helfer und kongenialen Konstrukteur hatte er in Maybach ja gefunden? Seine technischen Interessen führten jedenfalls dazu, dass er die Vereinigten Werkstätten verließ. Zu Werners religiösen und diakonischen Gedanken hatte er, soviel man weiß, keinen Zugang.

Stahlradwagen von 1889 mit Wilhelm Maybach am Steuer

Etwas anders war es sicherlich bei Wilhelm Maybach, der als Waisenjunge in Werners Anstalt großgeworden war. Er war von Werner geprägt worden. Sein Leben ohne Extravaganzen, seine Beharrlichkeit, seine Hingabe an eine gemeinsame Sache sowie seine soziale Ader zeigten Maybach als Sohn des Bruderhauses. Hier hatte er eine neue Heimat gefunden, auch wenn er sich der Hausgenossenschaft nie angeschlossen hat.

Als ihn ein von Daimler veranlasstes Angebot erreichte, als Konstrukteur ebenfalls in die Maschinenbau-Gesellschaft nach Karlsruhe zu wechseln, nahm er das Angebot an. Über seinen Abschied schrieb er im Rückblick: „Nach 13-jährigem Aufenthalt im Bruderhaus zog ich im September 69 aus in die Fremde, unter Segenswünschen Vater Werners, dem ich viel verdanke und heute noch treu zum Bruderhaus halte (…).“[100]

Die Verbindung zum Bruderhaus dokumentierte sich auch darin, dass sich Maybach dem „Gustav Werner Geburtstagsverein“ anschloss. In diesem Verein hatten sich ehemalige Bruderhäusler zur Unterstützung der nachfolgenden Bruderhaus-Lehrlinge zusammengefunden. Jährlich zu Werners Geburtstag am 12. März wurden Prämien und Preise an erfolgreiche Schüler und Lehrlinge verliehen. Heute würde man wohl von einem Förderverein sprechen. Zu diesem Verein gehörte auch Gottlob Kumm, der Erfinder des Papiertaschentuchs, landläufig auch „Tempo“ genannt. Kumm war Werkführer in der Reutlinger Papierfabrik gewesen. Der Verein traf sich jährlich am Himmelfahrtstag in Plochingen im Gasthof „Waldhorn“. Maybach soll niemals eine solche Zusammenkunft versäumt haben. 1921 schrieb er rückblickend: „Mit Gustav Werner und dem Bruderhaus blieb ich stets in dankbarer Fühlung.“[101]

[100] Maybach, Wilhelm, a. a. O., 5 f.

[101] Zitiert bei Pytlik, Anna und Kopf, Hartmut: Bildung – Investition – Zukunft. 150 Jahre Wilhelm Maybach im Bruderhaus, Reutlingen 2006, 17.

„Tägliche Angst um den Fortbestand“ – Die Dettinger Papierfabrik und die Krise des Werkes (1857–1865)

In Reutlingen ließ sich Papier nicht rentabel herstellen. Auch der begabte Mechaniker Heinrich Schlatter, der die Fabrik seit 1856 leitete, hatte daran nichts ändern können. So wurde ein neuer Standort für die Papierfabrik gesucht. Als der Schultheiß von Dettingen an der Erms mit einer Delegation zu Werner kam und ihm billige Grundstücke und eine geeignete Wasserkraft zum Bau einer Papierfabrik anbot, sah Werner darin ein Zeichen Gottes. So schloss er 1857 mit der Gemeinde Dettingen/Erms einen Kaufvertrag über die Grundstücke ab. Zu den Grundstücken gehörte ein Steinbruch, aus dem die Steine für den Bau der Gebäude gewonnen werden konnten.

In Dettingen/Erms mit seinen damals dreitausend Einwohnern, etwa zwölf Kilometer nordöstlich von Reutlingen gelegen, war die alte Hausweberei und -spinnerei zum Erliegen gekommen, weil in England und Norddeutschland billige Tuche produziert wurden. Das Dorf war verarmt. Von Landwirtschaft allein konnten die Dettinger nicht leben, so dass sie dringend auf industrielle Arbeitsplätze angewiesen waren. Deshalb war der Schultheiß Georg Konrad Müllerschön an Werner herangetreten. Mit der Papierfabrik Gustav Werners sollte – zusammen mit einer Wagenfabrik und einer Weberei – die Industrialisierung in Dettingen ihren Anfang nehmen.

Im Frühjahr 1859 wurde mit dem Bau der Papierfabrik begonnen. Ein waghalsiges Unternehmen. Werner hatte nämlich kein Kapital. Schon als er in Dettingen mit dem Gemeinderat über den Bau verhandelte, musste er seine letzten Groschen zusammensuchen, um überhaupt die Zeche bezahlen zu können. Er wusste buchstäblich nicht, woher er das Geld für den jeweils nächsten Tag nehmen sollte. Viele unter seinen wohlmeinenden Freunden, die seine finanzielle Lage kannten, hielten das Vorhaben für töricht. Er gab während der Bauzeit zu: „Wenn ich die geistigen und materiellen Mittel meines Hauses mit der Vernunft abwog, so war diese Unternehmung vermessen, ja wahnsinnig zu nennen.“(458) Trotzdem hielt er unbeirrt am Bauvorhaben fest. Das Aufgeben der Papierfabrikation wäre, so schreibt er später, „mir als ein geistiger Rückschritt erschienen, und ich wäre mir vorgekommen wie einer, der die Hand an den Pflug legt und sie im Blick auf die bevorstehenden Mühen wieder zurückzieht und demnach nicht geschickt ist zum Reiche Gottes. So war es meinen jüngeren Mitgliedern auch; sie waren bereit, all ihre Kräfte daran zu strecken, um eine neue, den Aufgaben der Neuzeit völlig entsprechende Papierfabrik herzustellen.“(748)

Rund drei Jahre wurde gebaut. Die Fabrik sollte dreihundert Fuß lang, fünfzig Fuß breit sein und drei Stockwerke haben. Dazu kamen noch einige Nebengebäude, darunter direkt neben der Firma ein Wohnhaus für Arbeiter, Hausgenossen und „halbe Kräfte“, meist geistig behinderte Menschen. Drei Fuhrleute schafften mit sechs Pferden das Baumaterial herbei. Die Bauleitung hatten zwei Hausgenossen, Johannes Schneider und Fritz Zindel, beide ursprünglich von Beruf Maurer. Drei Hausgenossinnen waren für die Verpflegung zuständig. Sechs bis acht ältere Jugendliche aus dem Bruderhaus sowie etwa sechzig bezahlte externe Arbeiter waren dauerhaft beschäftigt. Oft konnten weder die Arbeiter noch das Material bezahlt werden. Es fehlte hinten und vorne an Geld. Zindel musste immer wieder unter Freunden und Bekannten betteln, damit man den Arbeitern wenigstens eine Abschlagszahlung geben konnte.

Unter der Leitung Heinrich Schlatters wurden in der Mechanischen Werkstätte des Reutlinger Bruderhauses alle für die Papierfabrik notwendigen Maschinen gefertigt. Dazu gehörten etwa eine Papiermaschine, sogenannte Holländer für die Zubereitung der Zellulose, Getriebe und Walzwerke zum Glätten des Papiers. Ein Wunderwerk der Konstruktion war ein Wassertriebwerk mit einem eisernen Wasserrad, das einen Durchmesser von dreizehn Metern und eine Breite von dreieinhalb Metern hatte und damit zu den größten der damaligen Zeit in Deutschland gehörte. Schlatter leistete Unglaubliches. Er überwachte in Dettingen die Fabrikation der Maschinen und behielt gleichzeitig die Aufsicht über die Mechanische Werkstätte in Reutlingen. Jahrelang wanderte er, oft täglich, den dreistündigen Weg zwischen den Orten hin und her, um diese Doppelaufgabe zu erfüllen. Da die Mechanische Werkstätte des Bruderhauses zwischen 1859 und 1862 nahezu ausschließlich mit der Fertigung für die Dettinger Papierfabrik beschäftigt war, konnte sie in dieser Zeit natürlich keinen Gewinn erwirtschaften.

Wie Werner den Bau mit den geschätzten Kosten von mehr als einer halben Million Gulden überhaupt finanzieren konnte, das ist im Einzelnen nicht mehr zu klären. Es scheint so gewesen zu sein, dass ein Teil des Geldes durch den Verkauf von Wäldern der Tochteranstalten im Schwarzwald aufgebracht werden konnte.[102] Es wurden auch beträchtliche Spenden gegeben. Ein Großteil aber war „auf Pump“ finanziert, das heißt, es mussten Darlehn aufgenommen werden. Im August 1861 gab die Württembergische Sparkasse ein größeres Darlehn von 75 000 Gulden.

[102] Vgl. Merck Lotte, a. a. O., 238.

Papiermaschine der Dettinger Fabrik

Am 26. Dezember 1861 lud Werner zur feierlichen Einweihung ein. Zweitausend Personen kamen. Erst eine Viertelstunde vor Beginn der Feier gelang es Schlatter, die Papiermaschine zum Laufen zu bringen. Man übergab Werner symbolisch den ersten in der Fabrik gefertigten Briefbogen. Nachdem man am Anfang die Maschine als Vorspiel hatte anspringen lassen, sang die versammelte Gemeinde das Lied „Lobe den Herren“ von Joachim Neander. Dann hielt Werner eine Rede: Nicht irdische Beweggründe hätten zu diesem Bau geführt, sagte er, sondern allein Gott, der Herr, durch sein Wort. „Wir wollen folgen diesem Wort der Wahrheit und haben auf sein Wort hin es gewagt, auch dieses Haus zu bauen, um die Verlassenen aufzunehmen, den Armen Hilfe zu leisten, um die Jugend zu erziehen und zu bilden und um sein Reich auf dieser Erde auszubreiten und immer fester seine Herrschaft zu gründen.“ (383) Nun könne Christus in der Industrie herrschen:

> Ein Stuhl wäre nun bereitet, da die Herrschaft Christi könnte gegründet werden, ein Haus wäre da, in dem er wohnen könnte. Was könnte er in diesem Haus ausführen zur Rettung der Seelen, zur Bildung der Menschen, zur Verminderung des Elends und zur Verbreitung von Recht und Gerechtigkeit, wenn wir uns ihm hingeben, wenn wir ihm treu sind, wie er uns ist treu gewesen, wenn wir fest an der Liebe und Gerechtigkeit bleiben, für welche dieses Haus gebaut ist!(387)

Einige Monate sollte es dann noch dauern, bis die Produktion endgültig beginnen konnte. Etwa zweihundert Personen waren in der Papierfabrik beschäftigt. Hergestellt wurde vor allem feineres Post- und Schreibpapier. Im ersten Jahr konnte ein Gewinn von 8300 Gulden erzielt werden. Wie Gutachter von außen bestätigten, war das Werk kaufmännisch, technisch und personell sehr gut ausgerichtet und konnte bestens auf dem Markt bestehen.

Aber Werner war mit seinem gesamten Werk längst in eine finanzielle Schieflage geraten. Seit Ende der 50er Jahre war die Geldnot chronisch geworden. Werner hatte sich Geld mit Wechseln beschafft. Aber nun wurde ein Wechsel nach dem anderen fällig. Vielfach konnten Wechsel nicht eingelöst werden. Mit Hilfe von zwei Finanzfachleuten, dem Stuttgarter Buchhändler Johannes Rommelsbacher und dem Verwalters des Göppinger Christophsbades Georg Netter, versuchte er den drohenden Konkurs abzuwenden. Die Methode der drei Männer war allerdings durchaus fragwürdig: Sie beglichen nämlich, vereinfacht gesagt, die einen Schulden mit anderen. Werner war selbst nicht wohl dabei: „Der Weg mit den Wechseln ist allerdings nicht ganz richtig, und ich arbeite mit Kraft daran, mit meinen Männern einen reelleren Weg einzuschlagen"[103]. So schrieb er am 14. Dezember 1858.

Die Krise, in der sich Werner befand, wird in Briefen deutlich, die er Ende der fünfziger und Anfang der sechziger Jahre an seinen Freund Johannes Rommelsbacher schrieb. Werner soll selbst in einigen Briefauszügen zu Wort kommen[104]:

„Wenn ich die lange Leiter von Wechseln betrachte, will mir oft die bange Sorge kommen: woher Brot für so viele?" (9. Januar 1858)

„Inliegend einige Wechsel; Geld konnte ich keines mehr aufbringen. Es stürmt heute wieder, aber ich will fest *glauben*, auch wenn der Herr *schläft*." (14. Dezember 1858)

„Wenn ich nicht 500 fl. [Gulden] Steuern zahle, so werde ich gepfändet! So tief stößt mich der Herr hinab!" (23. Juni 1859)

„Ich muß oft fragen: bist du, der du bist? – und habe ich dich mißverstanden, wenn ich deine Armen versorgen wollte?" (11. Juli 1859)

„Wir sind soweit hinausgekommen, daß wir das letzte Klaster Holz heute verbrennen und der Fabrik Stillstand droht." (12. September 1859)

„Wenn wir untergehen, ist unser Gott nicht der *wahre* und lebendige und ist gar kein Gott!" (7. März 1860)

„Es kommt nun auf den höchsten Punkt; die Hofbank kündigt mir auf. Aber vielleicht ist jetzt seine Hilfe am nächsten." (3. Februar 1861)

„Selten durchlebte ich schwerere Tage als die letzten; ich fühlte es auf meiner Reise, wie verschlossen der Himmel sei, und rang mit Gott." (21. April 1861)

In diesen Briefabschnitten zeigt sich, dass es für Werner um

103 Wurster a. a. O., 240.

104 Die Briefauszüge sind allesamt entnommen aus Wurster, a. a. O., 236–250. Dort in chronologischer Reihenfolge.

mehr als eine Finanzkrise ging. Er sah sein ganzes Lebenswerk in Gefahr. „Die härteste Qual, der ich jede Folter vorgezogen hätte, ist mir geworden: tägliche Angst um den Fortbestand einer Sache, an welche ich mein Leben gesetzt habe (...)."(674)

Bei allem war sich Werner Gottes unsicher geworden: Warum ließ Gott diese Krise zu? War er in seinem Gottvertrauen zu weit gegangen? Hatte er Gott herausgefordert? So fragte er sich. Und man selbst fragt, wenn man seine Briefe liest: Gab es denn einen Seelsorger für den Seelsorger Werner? Mit wem konnte er über seine Zweifel sprechen? Mit seiner Frau tat er es nicht. Freunde auf gleicher Augenhöhe hatte er nicht viele. Wenigen gegenüber äußerte er hin und wieder seine Bedenken. Vor seinen Hausgenossen musste oder wollte er der glaubensstarke „Vater" sein, obwohl er das eigentlich nicht mehr war.

Die *innere Krise* war auch in der Hausgenossenschaft zu spüren. Der Zusammenhalt zwischen den Anstalten hatte sich gelockert. Werner war viel zu sehr beansprucht, um seinen Helfern noch den notwendigen Rückhalt geben zu können. Viele Hausgenossen waren aufgrund all der Anstrengungen der letzten Jahre wohl schlicht müde und ausgelaugt. Die Ausdehnung des Werkes hatte Kräfte gekostet. Die tägliche (Über-)Beanspruchung ließ nur wenig Zeit zur Besinnung auf die ursprünglichen Ideale. 1858 stellte Werner fest:

> Das Feuer der ersten Begeisterung ist vorüber; alle Mahnungen, Bitten und sonstigen Weckmittel, selbst wenn sie in Leiden bestehen, können es nimmer anfachen, und so erlischt bei manchen die heilige Flamme, was nicht genug beklagt werden kann, denn es ist ein geistiger Tod.[105]

Dass viele Ende der 50er Jahre „ausgebrannt" waren, dass sie, modern gesprochen, ein Burn-out-Syndrom hatten, daran trug al-

[105] Zitiert bei Krauß, Paul: Gustav Werner. Werk und Persönlichkeit, Stuttgart 1959, 43.

lerdings auch Werner Schuld. Denn er war es, der seine Hausgenossen zu einem stets aktiven, ruhelosen Christentum der Tat hindrängte. „Vater" Werner verstärkte in seinen Ansprachen den Druck zu mehr „Hingabe" und „Vollkommenheit" gegenüber denen, die sowieso schon alles gaben. Beispielsweise sagte er in seiner Neujahrsansprache 1859:

> Bis jetzt hat der Herr uns in diesem unvollkommenen Zustand getragen und unsere Fehler mit Geduld übersehen; aber er kann und wird nicht länger mehr zusehen, da eine solche Nachsicht uns schädlich würde.(364)

Glaubt man der Hausgenossin Nane Merkh, so gab es Anfang der 60er Jahre den Versuch, Werner aus der Gesamtleitung wegzudrängen. Besonders im Schwarzwald habe es eine entschiedene Gegenströmung gegeben.[106] Aber wer hätte den Charismatiker Werner denn ersetzen können? Mit ihm stand und fiel das Werk.

Inmitten der Krise, am Freitag vor Pfingsten 1860, besuchte der 79-jährige König Wilhelm von Württemberg die Anstalt in Reutlingen. Über die Tür des Mutterhauses hatte man in großer Inschrift geschrieben:

„Liebe und Gerechtigkeit
Sei unser Streben in Ewigkeit!"

Der König war angetan von Werners Anstalt und seinem Wirken. Er hob hervor, dass Arbeit und Religion die wichtigsten Mittel zur Erziehung des Volkes seien. Nach einem Rundgang durch die Fabrik und die sonstigen Gebäude der Anstalt sangen die Hausgenossen und die Kinder dem König einen Liedvers aus einem Choral. Dieser war gerührt und wünschte dem Werk Werners

[106] Merkh, Nane: Einige Züge aus der Geschichte des Bruderhauses, geschildert aus der Erinnerung, 124f.

beim Weggehen einen glücklichen Fortbestand und Gottes Segen. Vier Wochen später kamen auch die Minister. Die notwendige finanzielle Unterstützung kam jedoch nicht.

In den Jahren 1862 und 1863 steuerte die finanzielle Krise ihrem Höhepunkt zu. Die nicht eingelösten Wechsel im Sommer 1862 häuften sich. Ein an den König gerichteter Darlehnsantrag wurde im Oktober 1862 abgelehnt. Anlehen wurden gekündigt. Es verbreitete sich das Gerücht, Werner sei gänzlich zahlungsunfähig. Möglich, dass dieses Gerücht von Gegnern Werners auch geschürt wurde, um ihm zu schaden.

In der Einladung für die Weihnachtsfeier im selben Jahr schrieb Werner an seine Anhänger, es sei seine Pflicht „einige Worte der Beruhigung zu sagen, da wohl viele durch die üblen Gerüchte, die in der letzten Zeit über mich und mein Haus ergingen, beunruhigt worden sind“(464). Er führte weiter aus: Grundlos sind Behauptungen über die Zahlungsunfähigkeit und den bevorstehenden Konkurs des Bruderhauses. Zwar ist es im vergangenen Jahr nicht gelungen, die Zahlungen pünktlich zu entrichten, doch liegt dies daran, dass der Aufbau der Dettinger Papierfabrik und die Einrichtung der Werkstätten in Reutlingen außerordentliche Kosten verursacht haben. Und Werner bemühte religiöse Deutungsmuster, um seine Leute zu beruhigen:

> Gerade die vielen Schwierigkeiten, Kämpfe und Anfechtungen, die uns die Instandsetzung dieser industriellen Werke bereitet, sind mir Bürgschaft, daß wir etwas begonnen hatten, das einst der Menschheit einen wesentlichen Nutzen und dem Reich der Finsternis einen wirklichen Abbruch tun wird. (464 f.)

Weg und Ziel seiner Unternehmungen, so meinte er selbstbewusst, sind allein schon deshalb richtig, weil sie ganz mit dem göttlichen Wort übereinstimmen. Und schließlich sieht Werner in den gegenwärtigen Erfahrungen auch Gottes Pädagogik am

Werk: „Diese Zucht war auch *uns* nötig; sie soll uns gründlich demütigen, damit wir nie uns überheben (...)." (465) Diese steilen religiösen Begründungen für die Krise verhinderten freilich, dass Werner und die Seinen sich nüchtern darüber Rechenschaft gaben, was im Einzelnen falsch gemacht worden war. Und sie erschwerten zumindest die Suche nach praktischen Lösungen.

Anfang 1863 gab es noch einmal einen Silberstreif am Horizont. Werner wurde doch noch ein Darlehn von 150000 Gulden durch die Hofbank gewährt. Das war möglich geworden, weil Schweizer Freunde dafür die Absicherung übernommen hatten. Gleichzeitig fanden Sammlungen für die Wernerschen Anstalten in Zürich, Basel und Frankfurt statt. Diese erbrachten nicht unbeträchtliche Summen, die gänzlich dazu verwendet wurden, Schuldenlöcher zu stopfen. Die Hausgenossen gaben das Letzte her, was sie besaßen. Werner zerbrach seinen letzten silbernen Löffel, um ihn zu Geld zu machen.

Schließlich wurden die vier Zweiganstalten in Büchenberg, Sulzbach, Heilbronn und Oberlengenhardt im Laufe des Jahres 1863 verkauft, um Schulden tilgen zu können. Der Verkauf sollte eigentlich ein Befreiungsschlag sein. Aber er bewirkte geradezu das Gegenteil: Da jetzt flüssiges Geld vorhanden zu sein schien, kündigten viele Gläubiger ihre Kredite und begannen, um ihr Geld zu klagen. Auch einige Hausgenossen verließen das sinkende Schiff und nahmen ihr einst an das Bruderhaus abgegebene Vermögen mit. Werners finanziell schwierige Situation drang bis zu einem damals berühmten Hamburger Nachrichtenmagazin durch. Die „Fliegenden Blätter" des Rauhen Hauses kommentierten 1863, „daß unsere schon 1861, wenn auch nur leise angedeuteten Zweifel an der Richtigkeit der geschäftlichen Grundlage des Unternehmens (...) aufs höchste gestiegen sind. Die (...) richtigen Gedanken, z. B. über die Stellung des Christentums zur

Industrie, sind zugleich mit solcher Unklarheit über das Geschäftliche (und gerade dieses müssen wir in diesem Falle immer wieder betonen) und überdies mit einer so überschwänglichen Erwartung von einer socialen Weltverbesserung, mit der in Reutlingen der Anfang gemacht worden sei, durchwebt, daß wir, abgesehen von vielem Andern, schließlich nur um so mehr von der Furcht erfüllt sind, die Sache werde ein Ende mit Schrecken nehmen (...).“[107]

Freunde Werners unternahmen einen letzten Rettungsversuch: Sie wollten eine „Gemeinde“ gründen. Diese sollte als juristische Person anerkannt werden und Werner die Anstalten abkaufen. Es wurde daran gedacht, die Rettungshäuser von den industriellen Betrieben zu trennen. Letztere sollten sich selbst unterhalten. Werner war damit einverstanden. Da man ihm die Anstalten abkaufen wollte, konnte er als deren Besitzer nicht selbst im Vorstand sein. Vorsitzender wurde sein Schwager Dr. Heinrich Landerer. Am 30. August 1863 wurden die Statuten der „Neuen Brüdergemeinde“, wie man sie nannte, verabschiedet. Über den Namen der Gemeinde sagte Werner: „Wir wählten den Namen ‚Brüdergemeinde‘, weil brüderliche Vereinigung doch uns als das Hauptmittel zur Erreichung unseres obersten Zweckes und Grundsatzes erscheint, und setzten den Namen ‚neue‘ bei, um eine Unterscheidung von der Herrnhuter Gemeinde zu geben und weil unsere Verbindung doch einer neuen Tätigkeit und Gestaltung der Kirche zustrebt.“ (677) Die Satzung ließ jedoch keinen Zweifel: Die vorrangige Aufgabe der „Neuen Brüdergemeinde“ sollte sein, Werners großes diakonisches Werk zu retten.[108]

Der Rettungsversuch kam zu spät. Zwar konnte die „Neue

---

[107] Fliegende Blätter, 20. Serie, 1863, 380 f.

[108] Vgl. Schäfer, Reich Gottes: „Die Gemeinde setzt sich zunächst als Aufgabe, die Anstalten des Gustav Werner, wie es ihre Mittel erlauben, zu erwerben.“ (679)

Brüdergemeinde", im September 1863 die Anstalt in Oberensingen bei Nürtingen erwerben, aber ansonsten blieb die „Neue Brüdergemeinde" ohne Wirkungen.

Immer mehr Gläubiger kündigten ihre Darlehen. Wechselproteste häuften sich. Werner sah keine andere Möglichkeit mehr, als am 23. November 1863 den schweren Gang aufs Reutlinger Oberamtsgericht zu unternehmen und eine Vermögensuntersuchung zu beantragen. Das Gericht gestattete ihm vorerst die Fortführung der Anstalten und Betriebe unter genauer Kontrolle der Einnahmen und Ausgaben. Aber es untersagte ihm, bis zum Abschluss der Vermögensuntersuchung Schulden zu tilgen.

Am gleichen Tag wandte er sich mit einer öffentlichen Erklärung an seine Gläubiger und an das württembergische Volk. Er gab eigene Fehler zu: „Die Geduld der Gläubiger ist durch Versprechungen, die in Folge der steigenden Bedrängnis nimmer gehalten werden konnten, mißbraucht worden; auch will ich nicht verhehlen, daß ich und meine Mitarbeiter in der Wahl der Mittel, in der Leitung der Anstalten, in der Einrichtung und Führung der Geschäfte viele Fehler machten (...)." (682) Er sei, so Werner, nun an dem Punkt angelangt, wo es zur Entscheidung komme, ob seine Sache untergehen oder „in reinerer, vollkommenerer Gestalt auferstehen" wird. Werner versprach, alles zu tun, dass die Gläubiger vollständig befriedigt würden. Dies sei allerdings nur möglich, wenn die Gläubiger nicht auf einer sofortigen Zahlung bestünden, weil dann durch Zwangsverkäufe Erträge unter Wert erzielt würden. Er äußerte zwei Bitten: Zum einen, dass er nicht genötigt werde, die Armen zu entlassen. Zum anderen, dass diejenigen, die Bürgschaften übernommen haben, nicht um Haus und Hof gebracht würden. Und obwohl Werner eigentlich in einer desaströsen Lage war, richtete er erstaunlich selbstbewusst noch ein „bittendes und mahnendes Wort an mein Volk": Er hat, so rechnete er vor, Tausende von Armen, Kranken und Behinderten aufgenommen und versorgt, obwohl er dafür nicht genügend Kostgelder bekam. „Würde ich die in 10 Jahren für Arme des Vaterlandes aufgewendete Summe von demselben nur auch zur Hälfte in Anlehen zurück erhalten, so wären meine Anstalten gerettet. Nehme ich vollends hinzu, wieviel Arbeit, Sorgen, Kummer, Schmach und Not wir seit Jahren den Armen zulieb auf uns genommen haben, so ist wohl selten für Arme soviel getan, gelitten und geopfert worden als in unseren Kreisen."(683) Gegen Ende seiner Erklärung sagte er: „So trete ich denn vor mein Volk, wohl gebeugt und gedemütigt von einer schweren Last; – aber im Herzen glüht die gleiche Liebe zum Herrn, seinen Armen, dem Vaterlande und der Menschheit, wie in den Tagen meiner Jugend." (685)

Werner gestand also auf der einen Seite offen Fehler ein. Auf der anderen Seite gab er indirekt zu verstehen, dass es nach seinen großen sozialen Leistungen an den Armen nun recht und billig sei, dass ihm mit öffentlichen Geldern geholfen werde.

In seinem Innern sah es finster aus:

> Ich war geschlagen in jeder Beziehung; ich erschien als ein Mann, der in seinem Glauben zu weit ging und Gott versuchte, viele Menschen um ihre Ruhe und ihre Habe brachte; mein Glaube, mein Lehrsystem – alle meine Pläne für das Heil der Menschen schienen gerichtet, mein Ansehen als Lehrer, Hausvater, Führer einer Gemeinde war gebrochen; ich stand dem Nächsten oft als der Schuldige da; hierdurch wurde meine Wirksamkeit im Lehramt, in der Führung der Seelen und Leitung der Anstalten sehr erschwert.[109]

Schon wenige Tage nach seinem Gang auf das Amtsgericht, zwang man Werner, das Hauptgebäude seiner Anstalt in Reutlin-

[109] Zitiert bei Krauß, Gustav Werner, a. a. O., 50.

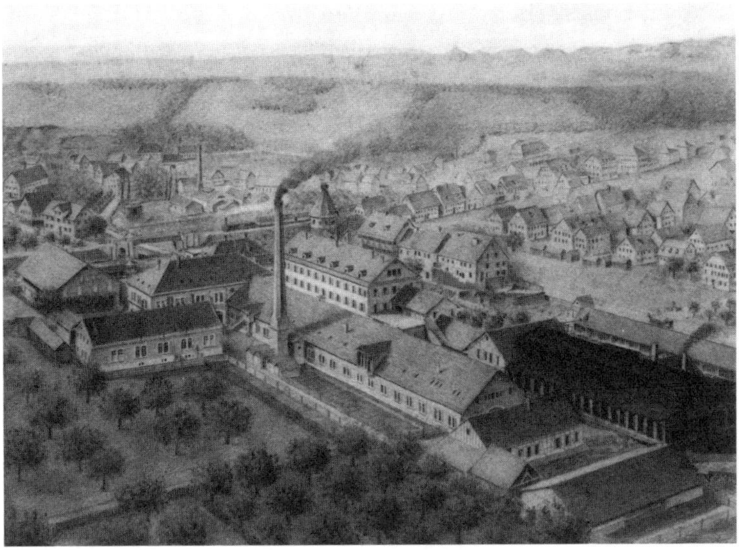

Bruderhaus in Reutlingen,
Zeichnung von Wilhelm Maybach (1865/66)

gen zu verlassen. Zusammen mit einigen Hausgenossinnen und den Kindern zog er kurz vor Weihnachten im kältesten Winter in die engen Räume der „Alten Krone". Fast zwei Jahre blieb er hier wohnen.[110] Die Zahl der Unterstützer Werners außerhalb der Anstalt ging drastisch zurück. Die Gläubiger bestürmten ihn auf Rückzahlung ihrer geliehenen Gelder. Man schmähte ihn öffentlich und erhob schwere Vorwürfe gegen ihn.

Die Vermögensuntersuchung zog sich über ein Jahr hin. Kein Wunder bei dem weitverzweigten Werk Werners. Sie ergab einen aktiven Vermögensbestand von 1503562,17 Gulden. Dagegen standen Schulden in Höhe von 1406720,52 Gulden. Das bedeutete, es war also ein Überschuss von 96841,65 Gulden vor-

[110] Vgl. Merkh, Nane, a. a. O., 130 f.

handen. Dieser Überschuss war allerdings nur deswegen gegeben, weil die Hausgenossen auf ihre Einlagen verzichtet hatten.

Der innere Kreis seiner Hausgenossinnen und -genossen hielt treu zu Werner. Sie waren – wieder einmal! – bereit, das Letzte für Werner und seine Sache zu geben. Ohne sie hätte Werner keine Chance gehabt, sein Werk zu retten. Auch in der Öffentlichkeit waren Stimmen laut geworden, die zur Hilfe aufriefen. In der Presse erschienen Aufrufe zur Unterstützung der Werner'schen Anstalten. Es bildeten sich im In- und Ausland Hilfskomitees. Spenden, Nahrungsmittel und Kleidungsstücke wurden gesammelt. Unter der Schirmherrschaft der württembergischen Königin Pauline veranstalteten Stuttgarter Frauenvereine einen Bazar. Die aus dem ganzen Land eingegangenen Waren füllten drei große Säle im Königsbau in Stuttgart. Die Königin steuerte selbst eigene Handarbeiten bei. Die Lotterie erbrachte einen Erlös von 17 629 Gulden, die als Spende an Werner gingen.

So erfreulich solche Spenden für Werner waren, sein Werk konnte damit nicht gerettet werden. Das war nur durch staatliche Unterstützung möglich. Am 10. August 1865 fand in der Württembergischen Kammer der Abgeordneten eine Debatte über eine mögliche staatliche Unterstützung der Fabriken und Rettungshäuser Werners statt.[111] Der vorliegende Antrag lautete „50 000 fl. [Gulden] aus Restmitteln für die Bewahrung der Werner'schen Rettungsanstalten vor dem Concurse durch Beteiligung an der Werner-Actiengesellschaft beziehungsweise für eine schonende Art der Auflösung jener Anstalten zur Verfügung zu stellen". Begründet wurde der Antrag vom bekannten Tübinger Professor für Nationalökonomie Albert Schäffle. Dieser führte

[111] Protokoll vom 10. August 1865: „Verhandlungen der Württembergischen Kammer der Abgeordneten", in: Protokolle der Kammerberichte, Stuttgart 1865, S. 4640 ff. (Archiv der Württembergischen Landesbibliothek).

aus, Werner habe sich wie wenige für die Interessen der leidenden Menschheit geopfert. Allerdings seien ihm grobe kaufmännische Fehler vorzuwerfen. Auch betreibe Werner seine Anstalten mit zu vielen ungeeigneten Arbeitskräften. Werners Modell sei ein Beispiel, dass alle „socialistischen Versuche" scheitern müssten. Trotz dieser grundlegenden Einwände gegenüber Werners Werk empfahl Schäffle den Abgeordneten, die 50 000 Gulden zu bewilligen, um entweder die Anstalten zu erhalten oder sie wenigstens erst allmählich aufzulösen. Sonst müssten auf einen Schlag über tausend Arme vom Staat unterhalten werden. Dem von Schäffle eingebrachten Antrag wurde heftig widersprochen. Der Hauptwiderspruch kam von den Liberalen. Der Liberale Moriz Mohl würdigte Werner als einen der „liebenswürdigsten und edelsten Männer". Seine Absichten seien ganz gewiss edel. Scharf zu kritisieren sei aber seine „socialistische und kommunistische Grundanschauung". So behandle er etwa Kinder seiner Anstalten gleich, unabhängig wie viel Kostgeld für sie bezahlt werde. Werner zerstöre mit seiner Gleichmacherei die Familie und das Eigentum als Grundlagen der bürgerlichen Gesellschaft. Es sei ein wahres Glück, wenn Werners Werk durch Konkurs zu Ende komme. „Wenn man ein Heiliger sein will, so muß man eben das Risiko, das mit dem Heiligenschein verbunden ist, auf sich nehmen." Der Fürsprecher des Antrages, Freiherr von Gütlingen, verwies darauf, dass Werners Werk eine „Stätte der Menschenfreundlichkeit" sei. Jetzt, wo das Ausland außerhalb von Württemberg Werners Sache unterstütze, würde es einen schlimmen Eindruck machen, „wenn die württembergische Volksvertretung, die sich in anderen Dingen so freigiebig erwiesen hat, das Werner'sche Werk im Stich ließe".

Nach einer heftigen Debatte wurde abgestimmt. Mit 64 zu 17 Stimmen wurde der Antrag angenommen, nach dem der Staat sich mit 50 000 Gulden an einer Aktiengesellschaft beteiligen solle. Auch die sechs evangelischen Prälaten und die beiden Vertreter der katholischen Kirche stimmten dafür.

Werner war glücklich über das Ergebnis der Debatte: „Die Anerkennung, welche hierin liegt, hat mich noch mehr gefreut, als die Gabe selbst. (...) Ich fühle eine ganz frische Kraft in mir sich regen, die noch vieles wirken könnte, wenn sie nun ihrer Fesseln ledig würde."[112]

Der Beschluss der Abgeordneten hatte Werners Werk noch nicht endgültig gerettet. Aber er hatte die Chance eröffnet, dass es zumindest weitergehen konnte.

[112] Zitiert bei Wurster, a. a. O., 298.

„Der Stamm fängt an, wieder Zweige zu treiben" – Neuorganisation und Wiederaufbau des Werkes (1866–1880)

Die 50 000 Gulden, die der württembergische Staat 1865 zur Unterstützung von Werners Anstalten genehmigt hatte, waren nicht als Spende gedacht. Mit diesem Betrag sollte ein Aktienverein auf die Beine gestellt werden. Ende 1863 nach Ausbruch der Krise kam der Gedanke eines Aktienvereins zum ersten Mal auf. Zielrichtung der Überlegung war, einen Konkurs der Unternehmungen Werners zu verhindern. Im Oktober 1864 ging ein Rundschreiben an alle Gläubiger, in dem zum ersten Mal öffentlich für einen Aktienverein geworben wurde. Unterzeichnet war es von namhaften Persönlichkeiten, wie etwa dem Landtagsabgeordneten Freiherr Adolf von Gültingen, dem Direktor der Esslinger Maschinenfabrik Emil von Keßler oder dem Ulmer Oberbürgermeister Karl Heim. Alle Anstalten und Fabriken und sonstige Vermögenswerte, aber auch alle Schulden sollten auf den Aktienverein übergehen. Damit ein Aktienverein zustande kommen konnte, musste freilich ein Teil der Gläubiger bereit sein, Geldforderungen in Aktien umzuwandeln. Dies, so sagten die Unterzeichner an die Gläubiger gewandt, sei nicht bloß eine Sache der Mildtätigkeit. Denn die Aktionäre könnten später mit einem Anteil am Gewinn rechnen, weil Werners Unternehmungen hochproduktiv seien. Für Werner selbst war ein Aktienpaket im Wert von 150 000 Gulden vorgesehen. Ferner war daran gedacht, Werner zum Vorstand des Verwaltungsrates zu machen und bei ihm die geistliche Leitung der Anstalten zu belassen, damit „Geist und Charakter“ des Bruderhauses gewahrt blieben. Allerdings war Werner bei finanziellen Ausgaben an die Zustimmung des Verwaltungsrates gebunden.

Der Verein konnte erst dann ins Leben gerufen werden, nachdem 200 000 Gulden in Aktien gezeichnet waren. „Von der Bereitwilligkeit des größeren Publikums in Zeichnung der einzahlbaren Aktien hängt es daher noch ab, das Werk zu vollenden und zu entscheiden, ob der edle Gedanke Werners, ob die Heimat und Herberge so vieler Unglücklichen und Verlassenen des In- und Auslandes, ob die Pflanzschule eines rechtschaffenden und unverdrossenen Arbeiter- und Gewerbestandes erhalten bleiben oder aber zertrümmert werden soll“(692), hieß es im Rundschreiben. So sehr die Unterzeichner Werners christliches und diakonisches Wirken schätzten und sein Werk zu erhalten wünschten – in Gelddingen wollten sie ihn an die Kandare nehmen. Die Leitung sollte er nicht mehr allein in der Hand halten. Zwei weitere Vorstandsmitglieder wurden ihm zur Führung der Kasse und als wirtschaftliche Leitung zur Seite gestellt.

Werner bemerkte kritisch: „Es liegt in der Aktiengesellschaft für die Idee eine große Gefahr, indem meine Unternehmungen, besonders die industriellen, eine Sache der *Spekulation* werden könnten, wodurch die Idee völlig verdrängt würde.“[113] Aber er sah andererseits ein, dass ohne den Aktienverein nach menschlichem Ermessen der Konkurs seiner Anstalten unabwendbar war. So erklärte er im November 1864 öffentlich: „Es ist mein und meiner Hausgenossen ernstlicher Wille, daß die Gläubiger vollständig befriedigt werden; dies wird auch erreicht werden, wenn dieselben auf Umwandlung ihrer Anlehen in Aktien eingehen,

[113] Zitiert bei Wurster, a. a. O, 288.

während im verneinenden Fall ich keine Möglichkeit sehe, ihren Ansprüchen gerecht zu werden."(695)

Mit der Zeichnung von Aktien ging es nur langsam voran. Das verwundert nicht besonders. Werner hatte in der Öffentlichkeit durch sein Finanzgebaren der letzten Jahre Vertrauen verspielt. Im März 1865 waren erst 60 000 Gulden gezeichnet. Viele warteten darauf, wie sich der Staat verhalten würde. Erst als die Württembergische Kammer der Abgeordneten beschloss, für 50 000 Gulden Aktien zu erwerben, erschien das vielen als die notwendige Sicherheit, um selbst dem Aktienverein beizutreten. So kauften neben vielen einflussreichen Privatpersonen etwa die Städte Frankfurt, Ulm und Schwäbisch Hall Aktien.[114] Die notwendige Summe kam schließlich doch noch zusammen. Im November 1865 fand die Generalversammlung der Aktionäre in Stuttgart statt, in der die versammelten 250 Aktionäre die Satzung des Aktienvereins beschlossen. Darin war festgelegt, dass die Dauer des Aktienvereins von vorneherein auf zwanzig Jahre befristet sein sollte. Nach diesen zwanzig Jahren hatte Werner ein Rückkaufsrecht und während dieser Zeit ein Vorkaufsrecht auf alle seine Anstalten. Die Rettungshäuser wurden kaufmännisch von den Fabriken völlig getrennt. Letztere sollten gewinnorientiert geführt werden. Bis der Aktienverein rechtlich anerkannt war, dauerte es noch einmal ein halbes Jahr. Am 23. Mai 1866 wurde er dann endlich ins Handelsregister eingetragen.

Mit diesem Datum gingen die Anstalten und Fabriken sowie das ganze sonstige Vermögen Werners an den Aktienverein über. Schon bald danach beschloss der Aufsichtsrat, zur Sanierung des Werkes 1866 die vier Zweiganstalten Bönnigheim, Freudenstadt,

[114] In einem transkribierten Brief vom 5. Januar 1866 (Archiv der BruderhausDiakonie) schreibt Gustav Werner: „Ihnen wird bekannt sein, daß die Städte Ulm, fl. 2000, Hall fl. 1500, Frankfurt fl. 5000, mehrere Städte u. Gemeinden des Landes gegen fl. 6000 gezeichnet haben."

Stuttgart und Ödendorf (heute: Ottendorf), 1867 noch die Anstalten in Althütte und die Haugensteiner Mühle zu verkaufen. Werner war erschüttert darüber, „seine“ Anstalten hergeben zu müssen. An eine Freundin schrieb er 1867:

> Ich muß noch mehr fürchten: die Vorstände des Aktienvereins wollen die größeren landwirtschaftlichen Anstalten *alle* verkaufen (...) – und das nicht der drängenden Gläubiger wegen, da diese nun befriedigt sind, sondern weil sie der Ansicht sind, daß sie diese Anstalten von hier aus nicht gehörig beaufsichtigen können, und der Verwaltung meiner Leute nicht trauen. Die Verlässlichkeit eines Christen, den geistigen Wert solcher Anstalten, ihre Bedeutung für die Zukunft wissen sie nicht zu schätzen.[115]

Hier deuten sich die Spannungen der nächsten Jahre zwischen Werner und seinen Hausgenossen auf der einen Seite und dem Aktienverein auf der anderen Seite an. Massiv wehrte er sich gegen den Vorschlag, alle auswärtigen Anstalten zu verkaufen. (698 f.) Er argumentierte folgendermaßen: Der Notstand ist zwar nicht mehr so groß wie um 1850, aber die Not kann wiederkommen und dann ist man froh, wenn man die landwirtschaftlichen Anstalten noch hat. Auch braucht es nach wie vor „Brennpunkte“ im Land, durch welche „das Feuer der christlichen Liebe“ (699) erhalten bleiben und sich auf die Umgebung auswirken kann. Werner war heilfroh, dass die drei Anstalten Schernbach, Althütte und Rodt dem Aktienverein von Freunden und Unterstützern abgekauft wurden und ihm zur Nutzung verblieben.

Ohne Zweifel: *Der Aktienverein zum Bruderhaus* stellte einen großen Einschnitt in Werners Werk dar: Was war geblieben von Werners hohen Ansprüchen, seine Anstalten, insbesondere aber

[115] Zitiert bei Wurster, a. a. O., 323.

seine Fabriken nach den christlichen Grundsätzen der Liebe und Gerechtigkeit zu führen? Endete nicht mit der Eintragung des Aktienvereins ins Handelsregister das großartige Projekt eines Mannes, der die Industrie verchristlichen wollte? Müsste man nicht sagen: Werner predigte das Reich Gottes für alle Bereiche – was kam war der „Aktienverein“? Hatte der schon erwähnte Professor der Nationalökonomie, Albert Schäffle, nicht recht, dass Werners „Verknüpfung des Industrialismus mit einem auf christlicher Bruderliebe gegründeten Sozialismus“[116] gescheitert war?

Alles sah danach aus, als sei Werners Modell der falsche Weg gewesen, die soziale Frage im 19. Jahrhundert zu lösen. Doch interessant ist, dass Werner trotzdem völlig unbeirrt an seinen ursprünglichen Überzeugungen festhielt: In einem Brief an Heinrich Schlatter, den Leiter der Vereinigten Werkstätten, schrieb er 1880: Wenn „es sich als unmöglich erzeigen würde, Liebe und Gerechtigkeit in unser industrielles Gebiet einzuführen, so wäre dies der tiefste Schmerz, der mich treffen könnte. Ich glaube aber, daß dies Gott nicht zulassen wird; ich rufe ihn aus innerstem Herzen an, daß er dieses Werk als das seine segne und vor allen feindlichen Einflüßen bewahre; aber doch drängt es mich, Dich auf die Gefahr aufmerksam zu machen, die demselben droht, dadurch nämlich, daß unvermerkt die Erzielung eines möglichst hohen Ertrags als Hauptzweck erfaßt wird, und die christlichen Zwecke zur Nebensache werden.“[117] Und noch inmitten der Sanierung des Werkes kündigte Werner 1869 an:

Bis jetzt bezeichnete man als Hauptfaktoren einer industriellen Unternehmung: Kapital, Intelligenz, Arbeit – ich füge noch ei-

---

[116] Schäffle, Albert, Ein Stück verunglückter Organisation der Arbeit in Schwaben, in: Zeitschrift für die gesamte Staatswissenschaft 22, 1866, 540 f.

[117] Transkribierter Brief vom 6. 12. 1880 im Archiv der BruderhausDiakonie.

> nen weiteren: Gott oder seine Liebe und Gerechtigkeit hinzu; wie glücklich werde ich sein, wenn ich den Beweis geliefert habe, daß hiermit die einzig sichere und wahre Basis für alle gesellschaftlichen Unternehmungen gewonnen ist, und von dieser Basis aus die immer schwieriger sich gestaltenden sozialen Fragen gelöst werden können![118]

Unbeirrbar wollte er seine Ziele weiterhin innerhalb der Schranken des Aktienvereins verfolgen. Gleichzeitig setzte er alles daran, sowohl seine Anstalten als auch seine Betriebe wieder zurückzugewinnen. Er war der Überzeugung, dass in der Loslösung vom Aktienverein „die wahre Erlösung" gefunden wäre.[119]

Was immer man rückblickend am Aktienverein kritisieren mag, sicher ist, ohne ihn hätte das Werk finanziell nicht gerettet werden können. Das erkannte Werner durchaus, als er schon im ersten Rechenschaftsbericht des Vereins 1867 sagte. „Wir, die Hausgenossen, dürfen nie vergeßen, daß wir dem Aktien-Verein die Erhaltung unserer Sache zu danken haben, und haben denn unsere Verpflichtungen gegen denselben zu unseren ersten zu rechnen."[120] Bereits 1875 war die Sanierung praktisch abgeschlossen.

Zur Tilgung von Schulden trugen auch zwei Vereine bei. Der von Werners Hausgenossen gegründete *Kreuzerverein* und der von ihm selbst angeregte *Fünfguldenverein* sammelten Spenden ein, um rückständige Zinsen zu bezahlen. Vor allem wurden mit dem gespendeten Geld die Aktien in Not geratener Gläubiger ab-

---

[118] Zitiert bei Wurster, a. a. O., 318.

[119] „In der Loslösung vom Aktienverein wäre die wahre Erlösung gefunden. Ich könnte mich wieder frei bewegen. Ich muß noch einen besonderen Aufschwung nehmen, ehe ich sterbe. Die Flügel beginnen mir wieder zu wachsen, aber unter dem jetzigen Druck vermöchte ich es nicht." (Zitiert bei Krauß, Gustav Werner, a. a. O., 79).

[120] Sendbrief, Dezember 1867, 168.

gekauft. Diese hätten sonst ihre Aktien unter Wert verkaufen müssen. Auch konnten mit Hilfe der beiden Vereine Kostgelder für ärmere Kinder aufgebracht werden. Der Aktienverein hatte nämlich bestimmt, dass in die Anstalten nur Kinder aufgenommen werden dürften, für die genügend Kostgelder bezahlt wurden.

1867 war es dem Aktienverein noch nicht möglich, eine Gewinnbeteiligung an die Aktionäre weiterzugeben: Im folgenden Jahr waren es dann zwei Prozent Dividende, ab 1868 wurden es alljährlich vier Prozent. Dies war im Wesentlichen der Dettinger Papierfabrik zu verdanken. Deren Reingewinn steigerte sich jährlich. Das Geschäft florierte. Auf der 4. Pariser Weltausstellung 1867 wurde der Fabrik eine silberne Medaille zuerkannt. Jetzt mit Verzögerung zeigte sich, dass Werner mit dem Bau und der Einrichtung der Papierfabrik in Dettingen die unternehmerisch richtige Entscheidung getroffen hatte und er mitnichten der große Dilettant als Unternehmer war, für den viele ihn hielten und bis heute halten.

Interessant sind die sozialen Leistungen[121], die es – zum Teil schon ab den sechziger Jahren – im Dettinger Betrieb gab. Beispielsweise wurde für alle Mitarbeiter, die mehr als zehn Jahre im Betrieb tätig waren, eine Lebensversicherung abgeschlossen. Arbeiterinnen erhielten kostenlosen Unterricht in Handarbeiten. Auch eine Spar- und Vorschusskasse konnte in Anspruch genommen werden. Die gleichen Sozialleistungen wurden nach und nach von den anderen Betrieben des Bruderhauses übernommen. Seit 1868 gab es in der Papierfabrik in Dettingen eine Fabrikordnung.[122] Dieser ist zu entnehmen, dass die Arbeitszeit – mit

---

[121] Vgl. Krauß, Gustav Werner, a. a. O., 135.

[122] Abgedruckt bei Schmidt, Frieder: Von der Mühle zur Fabrik. Die Geschichte der Papierherstellung in der württembergischen und badischen Frühindustrialisierung, Ubstadt-Weiher 1994, 895 f.

Ausnahme der Sonn- und Festtage – täglich zwölf Stunden betrug. Das lag im Rahmen des damals Üblichen. Zu lesen ist in der Fabrikordnung auch: „Obgleich die Arbeiter der Fabrikverwaltung nur für ihr Betragen während der Arbeitszeit verantwortlich sind, so wird doch von ihnen erwartet, daß sie auch außerhalb des Geschäfts sich einer solchen Aufführung befleißigen, welche demselben nicht zur Unehre gereicht."[123]

Weniger günstig entwickelten sich nach dem Weggang von Gottlieb Daimler die Vereinigten Werkstätten. 1870/71 wollte sie der Aktienverein verkaufen, weil sie keine Gewinne mehr abwarfen. Schließlich entschied man sich, sie zu verpachten. Werner, der den Betrieb jedoch für die Lehrlingsausbildung behalten wollte, protestierte in einer Eingabe an den Aktienverein: „Nachdem nun aber die Ansprüche der Gläubiger sichergestellt sind (...) kann ich es nicht über mich gewinnen, das mühsam errungene Organ, mit welchem ich zum Wohl der arbeitenden Jugend etwas auszurichten vermöchte, meiner Hand entrissen und in einer fremden Hand vielleicht der Zertrümmerung entgegengeführt zu sehen. Aus diesem Grund kann ich mich auch an der dem Vorstand auferlegten Ausschreibung der Pacht nicht beteiligen; ich würde hiermit in meinen Augen einen Selbstmord begehen."[124] Werner entschloss sich 1872, die Firma selbst zu pachten und hatte damit nicht nur Ausbildungsplätze für seine Lehrlinge gerettet, sondern auch wieder direkten Einfluss auf einen Industriebetrieb gewonnen. Es gelang ihm sogar bald, mit den Vereinigten Werkstätten wieder Gewinne zu erwirtschaften. 1875 spezialisierte sich eine Unterabteilung der Vereinigten Werkstätten auf die Holzbearbeitung. Dadurch konnten Lehrstellen in der Holzbearbeitung geschaffen werden. Es wurden zunächst hölzernes Spielzeug, Garderobenständer, Bockleitern,

[123] A. a. O., 896.
[124] Zitiert bei Krauß, Gustav Werner, a. a. O., 124.

Stühle und Ähnliches gefertigt. 1883 wurde diese Abteilung unter dem Namen „Möbel- und Holzwarenfabrik" als selbständiges Unternehmen weitergeführt.

Bereits 1867 hatte der Aktienverein beschlossen, Werner alle Rettungsanstalten – mit Ausnahme von Fluorn – in Pacht zu geben. Die Pachtbedingungen waren zunächst sehr hart, wurden aber später erleichtert. Werner konnte nun wieder über das Personal sowie über die Belegung der Häuser selbst bestimmen. 1868 in seiner Einladung auf Pfingsten schrieb er:

> Der *Stamm* ist geblieben, und dieser fängt nun an, wieder auszuschlagen und Zweige zu treiben; diese Gewißheit möchte ich den Freunden verschaffen, damit sie wieder getrosteren Mutes an unserer Sache mitwirken und fröhlicheren Herzens zu unseren Festen kommen können; ich darf, nach dem jetzigen Stand der Sache, nicht fürchten, in meiner Hoffnung zu weit zu gehen, wenn ich ausspreche, daß der Herr uns wohl gezüchtigt, aber nicht verworfen hat, daß er nun seine Gnade uns wieder zuwendet und *bauet, was zerrissen ist und pflanzet, was verheeret war.* (702 f.)

Und er führte als „tatsächliche Beweise" dafür an, dass fünf Anstalten von Freunden zurückgekauft wurden und dass es ihm gelungen sei, die Pachtsumme für das Rettungshaus aufzutreiben, was hauptsächlich dem gutgehenden Strickgeschäft in Reutlingen zu verdanken war. Sodann habe unter den Hausgenossen ein engerer Zusammenschluss stattgefunden.

Werner hatte recht: Die Zahl der Hausgenossen hatte sich zwar vermindert von 221 im Jahr 1866 auf 170 im Jahr 1868. Der verbliebene Rest aber war enger zusammengerückt. Die Verbundenheit zwischen Werner und seinen Hausgenossinnen und Hausgenossen war in der gemeinsam durchlebten Not und Bedrängnis gewachsen. „Vater Werner" blieb der unbestrittene

Mittelpunkt des Bruderhauses. Im Reutlinger Mutterhaus versammelte er täglich die Mitarbeiter zu regelmäßigen Gebeten und Andachten um sich. Ein Journalist berichtete 1873 nach einem Besuch der Reutlinger Hausgenossenschaft: „Die Anstalt in Reutlingen (...) bildet eine große Familie; die Erwachsenen speisen zusammen in einem großen Saal, der ‚Vater' und die ‚Mutter' – Werner und seine Frau – natürlich mit; der Vater verrichtet das Tischgebet, nach dem Essen stimmt er einen Choral an und liest ein Kapitel vor. Dabei ist durchaus nichts ‚Kopfhängerisches' oder Gekünsteltes zu gewahren, sondern man merkt den Leuten an, daß sie sich in diesem Zusammenleben glücklich fühlen.“ [125] Den Kindern und Jugendlichen gab Werner fast täglich Religionsunterricht. „Vaters“ Geburtstag am 12. März wurde gefeiert wie ein Fest im Kirchenjahr. Er selbst besuchte jetzt auch wieder regelmäßig die Zweiganstalten. Höhepunkte im Leben der Hausgenossenschaft waren die gemeinsamen Feste. Zu diesen trafen sich die Bewohner der unterschiedlichen Anstalten und Freunde von außerhalb des Bruderhauses. Zur Veranschaulichung sei ein Ausschnitt aus einem Bericht über ein Erntefest in der Anstalt Fluorn aus dem Jahr 1875[126] wiedergegeben: „Mit dem Frühzug reisten wir in Reutlingen ab. Es war ein kalter Morgen; bei Eyach waren die Dächer und Felder sogar schon mit einer leichten Schneedecke überzogen. In Oberndorf erwartete uns ein Wagen von Fluorn, der uns in einer Stunde dorthin brachte. Wir waren die ersten Festgäste. Doch bald strömten sie von fern und nah herbei; von den Anstalten Alpirsbach, Rodt, Schernbach, Göttelfingen und Altensteig. Alle wurden mit herzlicher Liebe empfangen, erwärmt und gespeist. Um 1 Uhr kam der liebe Vater, der

[125] In: Concordia. Zeitschrift für die Arbeiterfrage, Dritter Jahrgang, Nr. 18, 1873, 139.

[126] Vgl.: O. Verf., Das Erntefest in der Zweig-Anstalt Fluorn, den 16. Oktober 1875, Reutlingen o. J., 15 S., (Archiv der BruderhausDiakonie).

Gustav Werner um 1870

mit einem späteren Zuge in Reutlingen abgegangen war, und nun begab sich Jung und Alt in die Scheune, wo in Ermangelung eines größeren Saales der Vortrag gehalten wurde. Hier wartete unser ein schöner Anblick. Die Scheune war in einen Betsaal umgewandelt. In der Mitte befand sich der erhöhte Platz des Vaters, rechts und links waren auf langen Tischen die herrlichsten Naturprodukte aller Art, schön gruppiert ausgestellt, die Tische mit Girlanden und blühenden Gewächsen geschmückt."[127] Den Mittelpunkt des Festes bildete Werners religiöser Vortrag. „Nach Beendigung des Vortrags begaben sich alle in den ebenfalls schön geschmückten und gut erwärmten Speisesaal, wo der 2. Teil der Festfeier folgen sollte, der in Gesang und Deklamieren von Psal-

[127] A. a. O., 5.

men und Gedichten, sowie im Austeilen von kleinen Gaben bestand."[128]

Doch Werner zog sich in diesen Jahren des Wiederaufbaus mitnichten in den Kreis seiner „Kerngemeinde" zurück. Er nahm mit wachen Augen die Veränderungen in Politik und Gesellschaft wahr. Dabei waren es in den siebziger Jahren hauptsächlich zwei Themen, die sich ihm politisch aufdrängten: die Entstehung des Deutschen Reiches und die „Soziale Frage".

Am 19. Juli 1870 hatte Frankreich Preußen den Krieg erklärt. Daraufhin marschierten Truppen aus allen deutschen Staaten in Frankreich ein. Bereits in den ersten Wochen konnten die deutschen Truppen eine Reihe von militärischen Siegen erringen. Werner sah in dem Deutsch-Französischen Krieg ein Gericht Gottes, welches das zerrissene deutsche Volk zur Einheit führen sollte. „Doch", schreibt er, „liegt es schwer auf meinem Herzen trotz der errungenen Siege; die Gefallenen, das Ächzen der Verwundeten, der schauerliche Krieg selbst mit seinem tausendfachen Jammer legen sich schwer auf mein Herz; es ist doch gar zu traurig, daß die Menschheit eine *solche* Zuchtrute braucht."(484) Erst wenn Recht und Gerechtigkeit wieder den herrschenden Einfluss in der Gesellschaft gewönnen, werde Gott seine züchtigende Hand zurückziehen.

Deutschland lag in diesen Kriegsmonaten in einem nationalen Taumel. Verbunden mit einem Hass auf „die" Franzosen. Auch Werner schien jegliche Distanz zur Nation verloren zu haben: „Ich betrachte Deutschland stets als das priesterliche Volk Gottes; es hat eine Weltmission, das Reich Gottes – Recht, Gerechtigkeit, Wahrheit, Liebe und Gesittung und Wissenschaft unter die Völker zu tragen. Gott wird unser Volk schützen und segnen, wenn es dieser Mission nicht untreu wird."[129] Deutschland galt ihm als

[128] A. a. O., 12.
[129] Zitiert bei Wurster, 342.

ein „Mustervolk“: „Ja, wir dürfen wohl weiter fragen: was würde aus den so tief erkrankten Völkern Europas werden, wenn ihnen Deutschland nicht ein frisches Lebensblut mitzuteilen vermöchte? Deutschland ist vermöge seiner Lage, seiner geistigen Begabung, seines bisherigen Entwicklungsganges und seiner nunmehrigen Erhebung das einzige Volk (...), das Gerechtigkeit, Treue und Wahrhaftigkeit in seiner Mitte ausbilden und somit ein Mustervolk für andere Völker werden und denselben das Heil mitteilen könnte, das es sich selbst in heißen Kämpfen errungen.“(581)

Solche Töne über die besondere Erwählung Deutschlands sind vor dem Hintergrund unserer deutschen Geschichte heute nicht nur befremdlich, sondern auch kaum erträglich. Doch sollte man Werner nicht Unrecht tun: Er war nicht vom Chauvinismus erfasst. Ein „Mustervolk“ war Deutschland ihm nur dann, wenn es Liebe und Gerechtigkeit nach allen Seiten ausübte. Nach der Einnahme Straßburgs durch deutsche Truppen schrieb Werner:

> Gerechtigkeit erlangt Deutschland von den auswärtigen Mächten und will sie ihnen gewähren – die *Liebe* muß folgen, wenn die hohe Mission vollständig erfüllt werden soll, namentlich dem unglückseligen Frankreich gegenüber (...).[130]

Der Feind blieb für ihn in erster Linie die Schwester und der Bruder in Christus. Das zeigte sein Verhalten im Krieg: Wenige Tage nach dem Einmarsch der deutschen Truppen in Straßburg fuhr er in die Stadt, in der er vor Jahren gelebt hatte. Er nahm aus seinen Anstalten im Schwarzwald einen Wagen voller Lebensmittel sowie Bargeld mit. In Straßburg übergab er beides an die leidende Bevölkerung und besprach dort mit einem Hilfskomitee die Übernahme notleidender Kinder durch das Bruderhaus. Kurze

[130] Zitiert bei Wurster, 345.

Zeit später reisten zwei seiner Anstaltsväter aus dem Schwarzwald – wieder mit einer Wagenladung von Lebensmitteln – ins Elsass und brachten im November 1870 achtzehn notleidende Kinder mit. Werner nahm sie unentgeltlich in seine Anstalten auf.

> Die Liebe muß nun ihre ganze Kraft entfalten, damit sie die Wunden wieder heilt, die dieser furchtbare Krieg schlägt; dieser Winter wird uns tausendfaches Elend vor Augen führen. Unsere Kinder haben die Straßburger mit wahrem Jubel aufgenommen; es war mir ein rührendes Bild von der echten Liebe. Sie gewöhnen sich auch sehr leicht an, sie sind lebhafter als die meinigen, scheinen aber Elternliebe nur wenig genossen zu haben."[131]

Im Laufe des Jahres 1871 ließ Werner noch weitere Kinder aus Frankreich holen. Insgesamt fanden achtzig Kinder eine neue Heimat in seinen Häusern. Werner lag daran, ein Zeichen der Versöhnung zu setzen:

> Die Völker werden sich wiederfinden und versöhnen, wenn die Leidenschaften sich ausgetobt haben und die Hetzer beseitigt sind. Hierfür muß jetzt schon Vorbereitung geschehen, und da sind persönliche Berührungen von wichtiger Bedeutung (...).[132]

Im Februar 1871 wurde zwischen Frankreich und Deutschland der „Vorfriede von Versailles" geschlossen. Den Friedensschluss feierte Werner in der Dettinger Papierfabrik. Man aß und sang miteinander. Gustav Werner redete zu den Arbeitern. „Ich war Gott dankbar", schrieb er danach, „daß er mir endlich einen Weg zu ihren Herzen öffnet, die – aus Unkenntnis und Verhetzungen – mir bisher verschlossen waren."[133]

---

[131] Zitiert bei Wurster, 350.
[132] Zitiert bei Wurster, 351.
[133] Zitiert bei Wurster, 355.

Damit war ein für Werner schmerzhaftes Thema angesprochen. Zu Arbeitern, auch zu denen seiner eigenen Fabriken, bekam Werner keinen rechten Zugang. Und das, obwohl er es immer wieder versuchte. So wollte er sich ihnen etwa über ihre Kinder nähern, wie ein Briefausschnitt vom Dezember 1878 zeigt: „Ich möchte (...) noch meinen herzlichen Dank für die Weihnachtsgabe beschließen; wir wollen heuer auch die Kinder unserer Arbeiter bedenken, 170 an der Zahl, da bedürfen wir schon Beihilfe. Wir möchten in näherer Berührung mit unseren Arbeitern kommen, damit ihnen auch einmal das Wort der Wahrheit näher gebracht werden könnte, da müßten wir durch die Kinder zuerst ihre Herzen zu gewinnen suchen."[134] Zu seinen Vorträgen kamen die Arbeiter selten oder gar nicht. Seine Hoffnung, einen „religiös gesinnten Arbeiterstand" (719) zu bilden, erfüllte sich nicht. – Dass er nur schwer einen Zugang zu Arbeitern fand, dieses Schicksal teilte Werner mit fast allen evangelischen Theologen des 19. Jahrhunderts. Die katholische Kirche hatte hier bessere Voraussetzungen. Während die Geistlichen der katholischen Kirche fast durchweg aus dem bäuerlichen und handwerklichen Bereich kamen, stammten die evangelischen Theologen aus der Mittel- oder Oberschicht und hatten von daher wenig Berührung mit dem Leben und Denken der Arbeiter. Das traf auch für Werner zu.

Man kann ihm allerdings nicht vorwerfen, dass ihn die soziale Frage und deren Ursachen nicht beschäftigt hätten. Ihn beunruhigte die vielerorts verzweifelte Lage der Arbeiterschaft, ihre niedrigen Löhne, die gesundheitlichen Schäden aufgrund der Industriearbeit, die größer werdende Schere von Arm und Reich sowie die Arbeitslosigkeit. Das Wirtschaftsystem sah er durch Eigennutz und Selbstsucht bestimmt. „Die Selbstsucht", urteilte er,

[134] Handschriftlicher Brief an Georg Netter vom 16. 12. 1878 (Archiv der BruderhausDiakonie).

„hat die Menschen einander entfremdet und getrennt und sie arm und unglücklich gemacht bis auf den Grad, daß jetzt der menschlichen Gesellschaft eine Auflösung droht."(324) Als beängstigend empfand er das Schwinden der öffentlichen Moral, die Rohheit und Rücksichtslosigkeit, die Häufung von Trunksucht und Unzucht, die Zunahme von Kriminalität. Er erkannte, dass die sittliche Verwahrlosung auch mit dem materiellen Elend zu tun hatte: „Ein Mensch, der mit Hunger, Blöße, bitteren Nahrungssorgen zu ringen hat, kann nicht zu göttlichen Tugenden hingeleitet werden; daher wird die Gerechtigkeit dafür sorgen, daß Verlassene, dem Mangel Preisgegebene, ihre leibliche Versorgung und Verpflegung finden (...)."(607) Im Gegensatz zu anderen Gestalten der Diakonie im 19. Jahrhundert machte Werner nicht wesentlich den Abfall vom Glauben als die eigentliche Ursache der sozialen Notlage verantwortlich. Schon 1858 hatte er hellsichtig erkannt:

> Es ist ein großer Mangel in unserer Gesetzgebung, denn da ist es wirklich nicht möglich, daß der Arme sich erholen kann von dem Druck der Armut, moralisch nicht und auch finanziell nicht. Bei uns werden immer einzelne große Reichtümer sammeln können, und es tritt dann eine Übermacht des Kapitals ein, durch welche die Armen völlig ausgeschlossen sind. Da fehlts eben in unserem Gesetz sehr. (359)

Werner war ab den siebziger Jahren überzeugt, dass die soziale Frage nur gelöst werden könne, wenn die göttliche Gerechtigkeit im politischen Raum zur Herrschaft komme. Das sah er gegeben, als Bismarck in den 80er Jahren mit der Sozialgesetzgebung begann und 1883 eine Krankenversicherung und 1884 eine Unfallversicherung einführte. Enthusiastisch begrüßte Werner es, als Kaiser Wilhelm am 17. November 1881 ankündigte, diese Sozialgesetze nach christlichen Grundsätzen zu erlassen: „Das hat noch kein Fürst und König seinem Land geboten, was unser Kaiser dem ganzen Deutschen Reiche als seinen letzten Willen erklärt hat. Der große Staatsmann, der so vieles erreicht hat (...), hat es vor dem Reichstage vor aller Welt mit voller Entschiedenheit und Klarheit ausgesprochen, daß es sein fester Wille sei, die Liebe zu den Armen und die Fürsorge für dieselben, dieses Grundgesetz des Christentums, in den Staat einzuführen und damit die sozialen Schäden zu heilen, und daß er alle seine Kraft daran setzen wolle, der enterbten Klasse in der Gesellschaft zu ihrem Rechte zu verhelfen. Ja, dies hat meine Hoffnung wieder belebt, daß nun das Reich Gottes mit seiner Gerechtigkeit die Herrschaft erlangen soll und das *deutsche* Volk in diesem großen Reformationswerk vorangehen soll."(633f.)

Es befremdet heute, wie unkritisch Werner die Sozialpolitik Kaiser Wilhelms und Bismarcks als einen Schritt auf dem Weg zum Reich Gottes ansah. Das hing sicherlich auch mit seiner Angst vor den Sozialdemokraten zusammen. Werner sah in den Sozialdemokraten „tiefkranke Brüder", deren Forderungen in vieler Hinsicht durchaus berechtigt seien. Er gab ihnen recht, wenn sie eine Verbesserung der Lage der arbeitenden Klasse erwarteten. Trotzdem waren sie für ihn Gegner, wohl auch weil sie sich zunehmend kirchenfeindlich gaben. Er warf ihnen vor, dass sie meinten, durch eine bessere Verteilung der Güter sei das Paradies auf Erden zu erreichen. Werner glaubte zwar, dass auch die Christen sich für praktische Nächstenliebe an den Arbeitern einsetzen sollten. „Zu diesem Äußeren muß aber das *Innere* treten, der christliche Geist muß in der Welt der Industrie durchdringen, beim Fabrikanten so gut wie bei seinen Untergebenen, sonst bleiben die äußeren Werke alle eine hohle Form und ein lebloses Gerippe."[135] Hauptsächlich war ihm das Ziel der Sozialdemo-

[135] Friedensblätter, Nr. 10, 1885, 84.

kraten, das politische und wirtschaftliche System zu ändern, ein Gräuel: „Überall ist diese Partei rührig, tätig, mächtig, und sie spricht entschieden aus, daß die Kirche wie der Staat mit allen bisherigen Einrichtungen gestürzt werden müssen und daß sie den Staat nach ihren Grundsätzen ordnen wollen ohne Religion, damit jeder seinem Fleisch gütlich tun und die Begierden seiner sinnlichen Natur befriedigen kann.“(617) Aus heutiger Sicht muss man sagen: Werner war in vielem in seiner patriarchal- konservativen Weltsicht befangen. Er konnte nicht verstehen, dass die Arbeiterschaft auch politisch mitbestimmen wollte. Die Arbeiter schlossen sich auch deshalb den Sozialdemokraten an, weil sie hier uneingeschränkte Anerkennung erfuhren. Werner war nicht in der Lage zu erkennen, dass die antikirchliche und teilweise atheistische Haltung der Sozialdemokratie durch das Verhalten der Kirche mit bedingt war. In den Augen der Arbeiter stand die Kirche nämlich auf der Seite des Staates, der die Arbeiterbewegung unterdrückte.

Werner war kein unpolitischer Mensch, aber konkrete politische Strategien zur Lösung der sozialen Frage sucht man bei ihm vergeblich. Auch die Übernahme eines politischen Mandates lehnte Werner für sich stets ab. 1881 forderte der Pfarrer Eduard Ludwig Fürnsal ihn auf, sich in den Reichstag wählen zu lassen. In einem Brief am 4. Oktober antwortete ihm Werner: Er sehe es wohl ein, dass es nötig wäre, diesem Ruf zu folgen, da er seit Beginn seines Wirkens eine Reform der Gesellschaft, namentlich der industriellen nach christlichen Grundsätzen anstrebe. Er selbst fühle sich für ein politisches Amt aber nicht geeignet.

> Es fehlen mir schon die natürlichen Anlagen für ein solches öffentliches Wirken, bin auch geistig für ein solches Kämpfen gar nicht ausgerüstet, es fehlt mir, wie dem Moses, die beredte Zunge (…); auch nimmt mein Gehör ab, so daß ich Redner,

> wenn sie nicht laut und deutlich reden, nicht verstehen und dann nur zu selten in die Debatte mit Erfolg eingreifen könnte, zudem bin ich schüchtern solch schlagfertigen Männern gegenüber und fühle mich in keinem Teil dieser Aufgabe gewachsen. (511)

Werner war bereits in den siebziger Jahren deutlich gealtert. Er kam gebückt daher, Furchen hatten sich auf seiner Stirn eingegraben. Die Kämpfe und Anstrengungen der letzten Jahrzehnte hatten deutliche Spuren hinterlassen. Seine noch Anfang der sechziger Jahre stark betriebene Tätigkeit als Reiseprediger in Württemberg ging deutlich zurück, wohl auch, weil er nicht mehr die Kraft dafür hatte. Trotzdem hatte er immer noch ein ungeheures Arbeitspensum zu bewältigen. Nicht selten erinnert sein Terminkalender an den eines Managers. So schreibt der 67-jährige Werner in einem Brief: „Ich werde nächsten Donnerstag Abends in Weilheim, Freitag früh 6 Uhr in Zell, 9 Uhr in Bünzwangen Vortrag halten, von da 10¾ in Uhingen einsteigen und bis Geislingen fahren, den Schwegelbauer besuchen, der mir die Zehntgabe von 100 M[ark] gesendet hat und dann nach Böhringen gehen, wo um 1½ Uhr Vortrag ist, in Süßen komme ich wieder auf den Zug 3¾ und fahre nach Göppingen um 4 Uhr; vielleicht könntest Du an einem dieser Orte mit mir zusammentreffen oder wenigstens an [den] Bahnhof kommen.“[136]

Immer mehr Einladungen erreichten Werner von außerhalb des Landes. So hielt er etwa 1874 Vorträge in Frankfurt, Bremen und Hamburg. Besonders häufig besuchte er die Schweiz, wo es offenbar viele Anhänger von ihm gab. Am 12. Mai 1879 sprach er in Basel. Hier legte er noch einmal die Entwicklung, die

[136] Handschriftlicher Brief an Georg Netter vom 28. August 1876 (Archiv der BruderhausDiakonie).

Grundlagen und das Ziel seiner Arbeit dar. Der zwischenzeitliche Erfolg seiner Industriebetriebe, in denen Hunderte von Arbeitern guten Lohn, freundliche Behandlung und soziale Unterstützung bei Krankheit und Not fanden, ist, so sagte er, nur durch konsequente Anwendung der christlichen Grundsätze gelungen. „Dieses Gottesreich in einer Genossenschaft von den innersten bis zu den äußersten Lebenskreisen hinaus zur Erscheinung zu bringen, ist mein vorzüglichstes Trachten seit vierzig Jahren; die ganze Strömung der Zeit strebt diesem Reich entgegen."(721) – Es ist deutlich zu sehen: Werner war seinen Idealen und religiösen Vorstellungen auch in der Zeit der Neuorganisation und des Wiederaufbaus treu geblieben.

„Die Liebe ist des Gesetzes Erfüllung" – Die letzten Jahre und der Tod (1881–1887)

Werner bemühte sich, den Fortbestand seines Werkes und die Existenz der Hausgenossenschaft über seinen Tod hinweg zu sichern. Auf den Rat seines Frankfurter Freundes und Juristen Dr. Friedrich Schlemmer schlug er seinen Hausgenossen 1877 auf dem Erntefest in Fluorn vor, eine Stiftung zu gründen. Diese stimmten – trotz vielfältiger Bedenken – zu. Es vergingen jedoch noch Jahre, ehe im März 1881 die Stiftungsurkunde vorlag. Nach dieser sollten das Vermögen Werners und seiner Frau Albertine vollständig an eine Stiftung übergehen. Noch einmal dauerte es über ein Jahr, bis am 18. Juli 1882 die „Gustav Werner Stiftung zum Bruderhaus" juristisch anerkannt wurde.[137]

Werner war es wichtig, dass auch in einer Stiftung der bisherige Geist seines Werkes gewahrt blieb. Deshalb schrieb er in der Stiftungsurkunde: „Der Zweck, welchem die Stiftung dienen soll, ist derselbe, der bei Gründung der Anstalten von mir ins Auge gefaßt und seither festgehalten worden ist: das geistige und leibliche Wohl des Nebenmenschen auf jegliche Weise zu fördern und den Armen und Verlassenen, welchen die Kraft zum eigenen Fortkommen fehlt, eine Heimat zu schaffen und solche im Geiste

[137] Die Stiftungsurkunde und die Statuten finden sich als gedruckte Broschüre aus dem Jahr 1882 im Archiv der BruderhausDiakonie. Bei Schäfer, Reich Gottes, ist der größte Teil davon auf den Seiten 728 bis 737 abgedruckt.

christlicher Bruderliebe zu verwalten.“(728) Auch die Form der Rettungsanstalten wurde in der Satzung bestimmt: „Nach dem Vorbilde einer Familie sollen sich dabei die einzelnen Anstalten gestalten, deren Angehörige sich wie Familienglieder ansehen und alle das Wohl des Ganzen je nach ihrer Begabung und Befähigung mit voller oder schwächerer Arbeitskraft zu fördern bestrebt sein.“(729) Drei Organe sah die Stiftung vor: die Generalversammlung, einen siebenköpfigen Aufsichtsrat und einen aus drei Personen bestehenden Vorstand. Die Generalversammlung, die von den Hausgenossen gebildet wurde, durfte nach Werners Tod darüber entscheiden, wer in die Hausgenossenschaft aufgenommen wurde und ob Gebäude gekauft oder veräußert werden konnten. Der Aufsichtsrat hatte den Vorstand zu kontrollieren, während letzterer die laufenden Geschäfte besorgte. Festgelegt wurde, dass Werner bis zu seinem Tod der erste Vorstand bleiben sollte.

Die Statuten deuteten bereits an, dass etwas zu Ende ging: nämlich eine diakonische Bewegung von christlich motivierten, klösterlich lebenden Hausgenossen unter der charismatischen Führung eines Mannes. Stattdessen zeigten sich bereits die Umrisse eines Diakoniewerkes mit klaren rechtlichen Regelungen. Nach und nach fiel Werners gesamtes Vermögen der Stiftung zu. 1887 hatte die Stiftung ein Reinvermögen von rund einer Million Mark und beherbergte in den Anstalten rund tausend Personen. Als sich 1891 der Aktienverein endgültig – und später als vorgesehen – auflöste, ging auch dessen Gesamtbesitz an die Stiftung über.

Die wirtschaftlich gute Lage des Wernerschen Werkes in den achtziger Jahren machte es möglich, dass wieder neu investiert werden konnte.

So wurde im Jahr 1882 in Reutlingen im Erdgeschoss der Alten Krone ein Kartonagengeschäft für Menschen mit körperlicher und geistiger Behinderung aufgebaut. Hier stellten Men-

Gustav Werner im Alter von 75 Jahren

schen mit Behinderungen, „halbe Kräfte", wie Werner zu sagen pflegte, Tüten, Schachteln und Briefhüllen aller Art her. Der Erzählung nach soll Werner auf die Idee zu diesem behindertengerechten Betrieb bei einem Volksfest in Stuttgart gekommen sein. Er war dorthin gefahren, um den Kaiser zu sehen. Als er dort ankam und viele behinderte Menschen betteln sah, soll er zu sich selbst gesagt haben: Was steht du da und wartest auf den Kaiser? Geh doch heim und tu was, dass künftig kein „Krüppel" mehr zu betteln braucht.

1883 zog die schon erwähnte Möbel- und Holzwarenfabrik in eigene Räume um und wurde damit zu einem selbständigen Unternehmen. 1885 vermerkte der Rechenschaftsbericht der Stiftung, dass sie 73 Arbeiter und 31 Lehrlinge beschäftigte. Die Möbelfabrik, die ursprünglich Holzarbeiten unterschiedlichster

Art gemacht hatte, spezialisierte sich nun auf Möbel, hauptsächlich aus Eiche. Man wusste damals sogar schon Werbung zu machen: „Sollte in unserem verehrten Leserkreis oder unter dessen Verwandten, Freunden und Nachbarn etwa ein junges Brautpaar sich befinden, das sich einen eigenen Haushalt gründen will, so hält sich die Möbel- und Holzwarenfabrik des Bruderhauses für die Lieferung der vollständigen Zimmereinrichtung bestens empfohlen; und wenn das Wörtlein ‚vollständig' ernst genommen wird, dann ist es für beide Teile am besten, denn die Fabrik liefert das Ganze lieber als das Halbe, der Besteller aber wird finden, daß er nicht nur billiger fährt, wenn er alles zumal sich machen läßt, sondern auch, daß sich die gleichen Stücke ungleich schöner ausnehmen als die ungleichen."[138]

Werner soziales Wirken erfuhr in seinen späten Jahren eine immer größere öffentliche Anerkennung. 1881 erhielt er vom König das Ritterkreuz 1. Klasse verliehen. Die Stadt Reutlingen benannte 1883 eine Straße nach ihm, 1884 wurde er zum Ehrenbürger ernannt, was Werner zu der Bemerkung veranlasste: „Ich durfte in dieser Stadt Teilnahme und Hilfe finden, wie ich sie vielleicht nirgends gefunden hätte."[139] Zum 50. Jahrestag des Bruderhauses, gerechnet vom Beginn seines Vikariats, erschienen 1884 viele anerkennende Artikel über Werner in den Zeitungen. In der Ludwigsburger Zeitung etwa war am 3. August 1884 zu lesen: „Ehe noch die Arbeiterfrage die Tagesparole geworden war, hat Werner, seiner Zeit vorauseilend, im Geiste eines christlichen Sozialismus mit Erfolg gegen die sozialen Schäden der Zeit angekämpft. Er ist der Begründer eines neuen Arbeits- und Erziehungssystems geworden, welches schon viele Tausende gerettet hat."[140]

[138] Friedensblätter, Juni 1885, 86.
[139] Zitiert bei Schiebe, a. a. O., 121.
[140] Kopie im Archiv der BruderhausDiakonie.

Es entstünde ein falscher Eindruck, würde man Werners letzte Jahre nur unter dem Blickwinkel seiner Erfolge beschreiben. Innerlich war er oft verzweifelt und zutiefst deprimiert. In den Jahren 1882 und 1883 riss der Tod Lücken in die Hausgenossenschaft. Im Juni 1882 starb sein vertrauter und langjähriger Buchhalter Christoph Heß. Am 19. September 1882 verschied seine Frau Albertine, die schon sechs Jahre lang unter den Folgen eines Schlaganfalls schwer zu leiden gehabt hatte. Am 31. Januar 1883 schließlich verstarb Amalia Wagenmann, eine Hausgenossin der ersten Stunde, der Werner besonders nahe gestanden war. Unter dem Tod der Drei litt er sehr. „Ich darf", schrieb Werner nach ihrem Tod „keinem weichlichen Gefühl nachgeben, wenn ich mich schon wie verwaist fühle, da binnen sieben Monaten mir drei Stützen, die auch meinem Herzen so nahe standen, entrissen worden sind. Ich muß wirken, so lange mein Heiland mir Kraft vergönnt (…)."[141]

Ende 1883 stand er selbst plötzlich am Rande des Grabes. Nach der Rückkehr von einer Reise trat hohes Fieber bei ihm auf. Die Ärzte befürchteten eine Lungenentzündung. Man musste mit dem Schlimmsten rechnen. Aber Werner kam wieder zu Kräften. Zurück blieb allerdings bis zu seinem Lebensende ein kranker Fuß. „Ich konnte mich immer so munter gürten zu jedem Werk und Lauf, und durfte gar nicht nach meinem Körper fragen, und bin nun so abhängig von ihm geworden!"[142]

1883 und 1884 brannten die beiden Tochteranstalten in Schernbach und Göttelfingen vollständig nieder. Werner war erschüttert, nicht nur, weil das Werk materiellen Schaden genommen hatte, sondern weil er die Brände als Zuchtmittel Gottes verstand. An seine Hausgenossenschaft gewandt, schrieb er: Gott

[141] Zitiert bei Wurster, 414.
[142] Zitiert bei Wurster, 419.

macht „solche Schläge um unserer großen Missetat und starken Sünden willen; er will jede einzelne Seele von uns zur rechtschaffenden Gerechtigkeit und Heiligkeit bringen und dann aus uns eine echte Gemeinde bilden."(738) Hier zeigt sich ein bei Werner immer wiederkehrender Gedanke: Die Unglücksfälle sind Teil der Pädagogik Gottes, weil die Hausgenossen noch zu viel Selbstliebe, Neid, Herrschsucht und „weltliche Lüste" haben. So wurden die Schicksalsschläge ihm zur Aufforderung, eifriger nach dem Reich Gottes und seiner Gerechtigkeit zu streben. Gegen Mitte der achtziger Jahre war Werner selbstquälerisch vom Gefühl eigener Fehler und eigenen Versagens bestimmt:

> Der Herr hat mir durch vielfache innere und äußere Demütigungen mein ganzes Nichts so völlig aufgedeckt und läßt mich täglich bis zum äußersten hinaus erfahren, daß ich alles, was ich Gutes habe und leisten kann, einzig nur seiner Gnade zu danken habe, und hat mich innerlich so zerbrochen, daß eine Selbsterhebung mir bei allem Lob fast unmöglich scheint; jede äußere Anerkennung demütigt mich nur mehr; es treten dabei die Mängel meines Werkes und meiner Wirksamkeit noch schmerzlicher vor die Seele, so dass ich mich eher gegen Verzagtheit und Kleinmut zu wehren habe als gegen hochmütige Gedanken.[143]

In Werners letzten Jahren wurden im Bruderhaus in Reutlingen noch ein Kinderhaus (1883) und ein Krankenhaus (1885) für kranke und alte Menschen gebaut. Als das Krankenhaus feierlich eingeweiht wurde, soll der 76-jährige gebrechliche Werner ein achtjähriges gehbehindertes Mädchen über die Schwelle in die neuen Räume getragen haben. Dies ist ein wunderbares Bild für den Geist, der in Werners Anstalten herrschte. Zu Werners großer Freude wurden auch die abgebrannten Anstalten in Schern-

[143] Zitiert bei Wurster, 423.

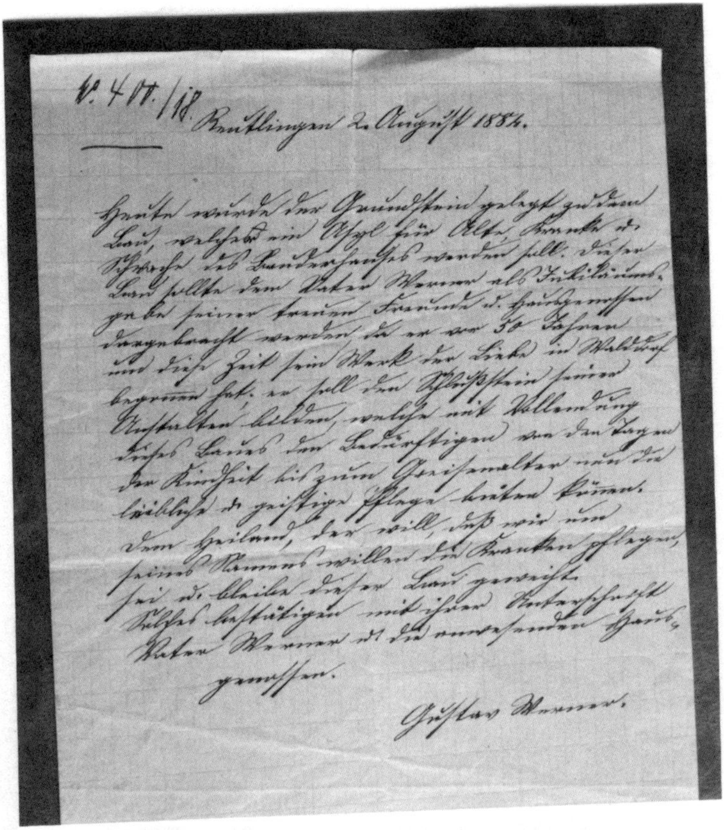

Reutlingen, 2. August 1884.

„Heute wurde der Grundstein gelegt zu dem Bau, welcher ein Asyl für Alte, Kranke und Schwache des Bruderhauses werden soll. Dieser Bau sollte dem Vater Werner als Jubiläumsgabe seiner treuen Freunde und Hausgenossen dargebracht werden, da er vor 50 Jahren um diese Zeit sein Werk der Liebe in Walddorf begonnen hat; er soll den Schlußstein seiner Anstalten bilden, welche mit Vollendung dieses Baues den Bedürftigen von den Tagen der Kindheit bis zum Greisenalter nun die leibliche und geistige Pflege bieten können. Dem Heiland, der will, daß wir um seines Namens willen die Kranken pflegen, sei und bleibe dieser Bau geweiht. Solches bestätigen mit ihrer Unterschrift Vater Werner und die anwesenden Hausgenossen.

Gustav Werner"

Urkunde zur Grundsteinlegung fürs Reutlinger Krankenhäusle (1884) bach und Göttelfingen wieder aufgebaut. 1885 bei der Wiedereinweihung von Göttelfingen sagte er in seiner Rede, sein Lebensthema wieder aufgreifend: „Herr, Vater der Barmherzigkeit und König der Gerechtigkeit, du bist und bleibst unser Gott, und deiner Liebe und Gerechtigkeit wollen wir dienen und treu bleiben bis zum Tode."[144]

Seit Juni 1886 begann sich Werners Gesundheitszustand zusehends zu verschlechtern. Neben einer Schwerhörigkeit und der Sehbehinderung machten ihm vor allem eine Herz- und Kreislaufschwäche zu schaffen. Als ihn jemand mit dem Hinweis zu trösten versuchte, in der Ewigkeit könne er sich dann von seiner Arbeit ausruhen, erwiderte Werner: „Ich hoffe, drüben geht's mit der Arbeit erst richtig an."

Am 12. März 1887 wurde sein 78. Geburtstag groß gefeiert. Als Geburtstagsgeschenk wurde ihm ein Bild des Malers Robert Heck überreicht, das Werner mit einem Kind auf dem Arm und in seiner Zuwendung zu den Schwachen der Gesellschaft zeigt. Nach seiner Geburtstagfeier ahnte er wohl, dass dies seine letzte sein würde: „(...) Ich werde doch ernstlich aufgefordert, mein Haus zu bestellen, und kann dem Herrn nur danken, daß sich im Äußeren alles besser ordnet. Er wird auch dafür noch sorgen, daß nach meinem Tod die geistigen Bedürfnisse des Hauses und unserer Gemeinschaft befriedigt werden; für diese ist noch wenig Ersatz da."[145]

Am 1. Mai reiste Werner zum 25-jährigen Jubiläum der Papierfabrik nach Dettingen. Vor den dreihundert bis vierhundert Gästen hielt er eine Rede, in der er noch einmal Grundsätzliches zu sagen versuchte. In seiner Hauszeitung berichtete er darüber: Ende der vierziger Jahre, so Werner, trat die soziale Frage in den Vordergrund und forderte eine Lösung, wenn die Revolution ver-

[144] Zitiert bei Wurster, 425.
[145] Zitiertbei Wurster, 441.

mieden werden sollte. Ihm sei es darum gegangen, dass heute eine „soziale Reformation" herbeigeführt werde.

> Die soziale Reformation kann bloß dadurch bewirkt werden, daß die Gerechtigkeit, wie sie Christus uns lehrte und vorlebte, in die gesellschaftlichen Verhältnisse der Menschen eingeführt wird. (744)

Damit hatte Werner, fast wie in einem Testament, noch einmal ein zentrales Thema genannt, das seit den vierziger Jahren seinem Wirken zugrunde lag: Wie zu Luthers Zeiten die Reformation der Kirche notwendig war, so nun die Reformation der Gesellschaft.[146]

Nach der Jubiläumsfeier in Dettingen machten ihm Atemnot und geschwollene Füße schwer zu schaffen. Trotzdem raffte er noch einmal alle seine Kräfte zusammen und reiste nach Basel zu Freunden. Von dort kam er am Samstag vor Pfingsten todmüde heim nach Reutlingen. Am Pfingstsonntag hielt er noch drei Andachten, auch eine Ansprache am Pfingstmontag gelang ihm noch. Dann schleppte er sich mit letzter Kraft nach Dettingen, um den Pfingstsegen dorthin zu bringen. Aus Dettingen zurückgekehrt, begab sich der Todkranke ins neu erbaute Krankenhaus, das Krankenasyl des Bruderhauses, wo er den Rest seines Lebens zubringen sollte.

Ab Mitte Juni nahm seine Herztätigkeit stetig ab. Über Werners Gesundheitszustand erschien nahezu täglich ein Bericht im „Schwäbischen Merkur". Sein Sterben war ein öffentliches geworden. Am 17. Juni diktierte er seinen letzten Willen, nach dem Johannes Schneider, der damalige Hausvater von Fluorn, sein Nachfolger werden sollte. Anfang Juli schien seine Krankheit sich noch einmal zum Besseren zu wenden. „Ich muß immer noch auf

146 Vgl. Nachgeschriebene Vorträge, II. Teil, a. a. O., 191.

meinem Krankenlager harren; doch geht es, wenn auch sehr langsam, der Besserung entgegen, und ich glaube, daß die drohende Gefahr vorüber ist. Schmerzen habe ich nur wenige, mehr habe ich an der Mattigkeit zu leiden, und es ist mir immer so drükkend, so wenig arbeiten zu können"[147], sagte er in einem Brief an eine Freundin.

Aber die Hoffnung auf Besserung währte nur kurz. Bald verschlimmerte sich die Krankheit. Mitte Juli diktierte er an die Hausgenossen eine Art Vermächtnis: Er wolle, so gestand er, nicht verschweigen, dass mit seinem Tod der Fortbestand der Genossenschaft gefährdet sei. Dies aber würde mehr als tausend Menschen, die im Bruderhaus Heimat gefunden hatten, wieder ins Elend zurückführen. Wichtig, so schärfte Werner seinen Hausgenossen ein, sei es, an den Grundwahrheiten des Christentums festzuhalten:

> Sie bestehen namentlich darin, daß wir unsere Mitmenschen als unsere Brüder lieb haben, in der Liebe, in welcher Gott sie liebt, der zufolge wir stets ihr Bestes suchen sollen für Seele und Leib oder ihnen stets recht tun und ja kein Unrecht tun sollen, *daher die Gerechtigkeit die Grundordnung in einer Genossenschaft sein muß*, die den vollkommenen Frieden in derselben herstellen und erhalten will; daher Christus auch seinen Jüngern als Hauptaufgabe darlegt: „Trachtet am ersten nach dem Reich Gottes und nach seiner Gerechtigkeit, so wird euch das übrige alles zufallen."(666)

Am 27. Juli versammelten sich einige Hausgenossen und Verwandte um das Bett des Sterbenden. Dabei soll Werner als letzte Worte zu den Umstehenden gesprochen haben: „Nur treu, nur treu." Seiner weinenden Schwester soll er noch zugeflüstert ha-

[147] Zitiert bei Wurster, 450.

Bruderhaus Reutlingen um 1886

ben: „Nicht klagen und jammern, danken, danken!“ Am 2. August 1887 um sieben Uhr abends tat er seinen letzten Atemzug. Werners Leichnam wurde aufgebahrt im Betsaal des Kinderhauses. Viele traten noch einmal an seinen Sarg. Aus dem ganzen Land und aus dem Ausland trafen Beileidsbekundungen ein. Auch das Königshaus kondolierte.

Am 5. August nachmittags um drei Uhr fand das Begräbnis statt. Vom Kinderhaus wurde der Sarg zum Friedhof getragen. Die Hauszeitung des Bruderhauses, die „Friedensblätter“, beschrieb diesen Gang zu Werners letzter Ruhestätte: „Die kleinen Mädchen, denen die Knaben folgten, zusammen etwa 100 Kinder, eröffneten den Zug, jedes Blumen oder Kränze tragend, die auf dem Sarg nicht Platz gehabt hatten. Dieser wurde zur Abwechslung von 18 Meistern unserer Fabriken getragen. Hinter dem Sarg kam der Liederkranz und dann die Familienangehörigen, denen sich die männlichen Hausgenossen, die Beamten,

Lehrer, Deputationen und noch viele Herren anschloßen. Nach ihnen kamen die weiblichen Familienangehörigen, die Hausgenossinnen und alle weiteren Mitglieder des Hauses. Dann kamen die Angestellten und Arbeiter der drei Fabriken und endlich der unabsehbare Zug der sonstigen Leidtragenden aus Stadt und Land. Es mögen wohl gegen 2000 Personen den Sarg begleitet haben und wohl wird es zu den Seltenheiten gehören, wenn man sagen darf, es war wohl kein einziges dabei, das nicht von Herzen teilnahm. Als sich der Zug in Bewegung setzte, läuteten sämtliche Glocken der Stadt auf allen drei Kirchen und zwar so lange, bis der Zug in den Gottesacker einging. Dort wurde derselbe von der hiesigen Musikkapelle, die sich in der Mitte des Gottesackers aufgestellt hatte, mit dem Choral empfangen: ‚O Jerusalem, du schöne', was sehr feierlich war. Die Grabstätte, die uns von der Stadt überlassen wurde, befindet sich auf einem der höchsten Punkte auf dem Gottesacker mit dem Blick auf die Achalm, und ist es ein neues Grab. Der Liederkranz eröffnete die Feier mit dem schönen Gesang: ‚Süß und ruhig ist der Schlummer in der Erde kühlem Schoß' (...).“[148]

Der Reutlinger Stadtpfarrer Ströle hielt die Traueransprache. Am Ende seiner Rede sagte er: „Wo man die Lichtgestalten der inneren Mission, einen A. H. Francke, Wichern, Fliedner und wie sie heißen mögen, nennt, da wird auch Gustav Werners Name unvergessen sein. Die Lebenskeime, die Gott der Herr durch ihn ausgestreut, werden wachsen und sich weiter entfalten; das ist unser Gebet, das ist unsere Hoffnung.“[149] In einem Nachruf am Grab sagte der Reutlinger Oberbürgermeister Benz: „Unsere Stadt betrauert heute an dem Grabe Vater Werners ihren besten Bürger.“[150]

---

[148] Friedensblätter, Heft 1, 1887/88, 10f.
[149] A. a. O., 15.
[150] Ebd.

Freunde setzten auf das Grab ein großes aus Marmor gefertigtes Kreuz. Auf dem Sockel stehen Worte aus Römer 13, Vers 10: „Die Liebe ist des Gesetzes Erfüllung." Einen besseren Bibelvers hätte man über Gustav Werners Leben nicht stellen können.

Daten zu Leben und Werk von Gustav Werner

1809	Geburt am 12. März in Zwiefalten als Sohn von Friederike Christiane und Johannes Werner
1823–1827	Besuch des Seminars Maulbronn
1827–1832	Studium der Theologie in Tübingen
1832–1834	Aufenthalt in Straßburg, Tätigkeit als Privatlehrer. Bekanntschaft mit der Familie Wegelin und Beschäftigung mit dem Lebenswerk des elsässischen Pfarrers Johann Friedrich Oberlin
1834–1840	Vikariat in Walddorf bei Tübingen. Gründung einer Kleinkinder- und Industrieschule sowie einer Kinderrettungsanstalt
1839	Beginn der Auseinandersetzung um Werners Tätigkeit als Reiseprediger
1840	Konflikt mit der Landeskirche; Verzicht auf das Vikariat. Umzug nach Reutlingen mit zwei Mitarbeiterinnen und zehn Kindern in eine Mietwohnung
1841	Heirat mit der Kaufmannstochter Albertine Zwißler
1842	Kauf eines Wohnhauses auf dem Reutlinger Stadtgraben, genannt „Gotteshülfe"; Einzug mit 30 Kindern und 5 Mitarbeiterinnen
1850	Kauf der Papierfabrik an der Echaz in Reutlingen; weitere Fabrikgründungen folgen

1851	(März) Streichung aus der Liste der württembergischen Predigtamtskandidaten
1851	(Mai) Einweihung der Papierfabrik in Reutlingen. Bei der Rede zur Einweihung taucht zum ersten Mal der Name „Bruderhaus“ auf.
1852	Gründung des „Verein zur Beschäftigung brotloser Arbeiter“ und des „Verein zur gegenseitigen Hilfeleistung“
1854	Gründung der ersten Zweiganstalt in Fluorn (Schwarzwald)
1860	Besuch von König Wilhelm im Bruderhaus in Reutlingen
1861	Einweihung der Dettinger Papierfabrik
1862	31 Zweiganstalten in Württemberg neben der Reutlinger Mutteranstalt
1863	Beantragung einer Vermögensuntersuchung auf dem Reutlinger Oberamtsgericht
1866	Eintragung des „Aktienverein zum Bruderhaus“ ins Handelsregister
1881	Gründung der „Gustav Werner Stiftung zum Bruderhaus“
1882	Tod der Ehefrau Albertine Werner Gründung der „Kartonagen- und Tütenfabrikation“
1883	Einweihung des Kinderhauses in Reutlingen
1883	Möbel- und Holzwarenfabrik wird zum selbstständigen Unternehmen
1884	Verleihung der Ehrenbürgerrechte der Stadt Reutlingen an Gustav Werner
1885	Einweihung des Krankenhauses in Reutlingen („Krankenhäusle“)
1887	Tod von Gustav Werner am 2. August in Reutlingen

Ausgewählte Literatur

1 Bücher und Aufsätze

Bartel, Karlheinz: Gustav Werner. Eine Biographie, Stuttgart 1990.
Benz, Ernst: Emanuel Swedenborg. Naturforscher und Seher, München 1948.
Benz, Ernst: Emmanuel Swedenborg, in: Schultz, Hans-Jürgen (Hg.), Die Wahrheit der Ketzer, Stuttgart 1968, S. 138–151.
Boelcke, Willi A.: Sozialgeschichte Baden-Württembergs 1800–1989. Politik, Gesellschaft, Wirtschaft, Stuttgart 1989.
Borst, Otto (Hg.): Wege in die Welt. Die Industrie im deutschen Südwesten seit Ausgang des 18. Jahrhunderts, Stuttgart 1989.
Brakelmann, Günter: Die soziale Frage des 19. Jahrhunderts, 6., unveränderte Auflage, Bielefeld 1979.
BruderhausDiakonie (Hg.): Gott im Maschinensaal. Die Gustav Werner Stiftung im Spiegel der Zeit, Reutlingen 2007.
Christ, Hans: Christlich-religiöse Lebensversuche der sozialen Frage im mittleren 19. Jahrhundert (Johann Hinrich Wichern, Victor Aimé Huber, Wilhelm Löhe, Gustav Werner), Diss. (masch.), Erlangen 1951.
Concordia. Zeitschrift für die Arbeiterfrage, 3. Jg. 1873.
Flad, Max: Frohe Zeit in Biberach. Erinnerungen von Marie Becker geb. Müller (1830–1914) an ihre Kindheit in Biberach,

in: Heimatkundliche Blätter für den Kreis Biberach, 15. Jg., Heft 1 vom 10. Juni 1992, S. 3–41.

Fliegende Blätter aus dem Rauhen Haus, Zwanzigste Serie, Hamburg 1863.

Gemeinde Walddorfhäslach (Hg.): Walddorf 800 Jahre (1204–2004), Walddorfhäslach 2004.

Göggelmann, Walter: Dem Reich Gottes Raum schaffen. Königsherrschaft Christi, Eschatologie und Diakonie im Wirken von Gustav Werner (1809–1887) (VDWI Bd. 31), Heidelberg 2007.

Göggelmann, Walter: Ein Haus dem Reich Gottes bauen. Diakonie und Sozialform in Gustav Werners Hausgenossenschaft (VDWI Bd. 32), Heidelberg 2007.

Heuss, Theodor: Bekenntnis zu Gustav Werner. Festrede zur Jubiläumsfeier des Bruderhauses am 3. und 4. September 1949 in Reutlingen, Reutlingen 1949.

Hutten, Kurt: Seher, Grübler, Enthusiasten. Das Buch der traditionellen Sekten und religiösen Sonderbewegungen, 12. vollständig revidierte und wesentlich erweiterte Neuausgabe Stuttgart 1982.

Jähnichen, Traugott: Protestantismus und soziale Frage im 19. Jahrhundert, in: Gräb, Wilhelm und Weyel, Birgit (Hg.), Praktische Theologie und protestantische Kultur, Gütersloh 2002, S. 136–150.

Kalmbach, Fritz (Hg.): Dettingen an der Erms, Dettingen 1992.

Kirchhofer, Johann Jakob u. a.: Liebe Brüder!, Stuttgart, 1851.

Kneile, Gotthold: Gustav Werner und sein Werk, 2. umgearbeitete Aufl., Stuttgart 1925.

Krauß, Paul: Pfarrer Landerer und sein Vikar Gustav Werner, in: Das Bruderhaus, Nr. 11, Dezember 1951, S. 4.

Krauß, Paul: Gustav Werner. Werk und Persönlichkeit, Stuttgart 1959.

Krauß, Paul: Der Maler Robert Heck und seine Beziehungen zu Gustav Werner und dem Bruderhaus, in: Das Bruderhaus, Nr. 48, März 1961, S. 10f.

Krauß, Paul: Johannes von Werner: Finanzkammerdirektor in Reutlingen (1782–1849), in: Miller, Max u. a. (Hg.), Schwäbische Lebensbilder, Bd. VI, Stuttgart 1967, S. 183–204.

Krauß, Paul: Gustav Werner und seine Hausgenossen. Geschichte einer christlichen Hausgenossenschaft des 19. Jahrhunderts, Metzingen 1977.

Krauß, Paul: Gustav Werner. Theologe und christlicher Unternehmer, Gründer des Bruderhauses in Reutlingen (1809–1887), in: Uhland, Robert (Hg.), Lebensbilder aus Schwaben und Franken 14 (1980), S. 255–287.

Krauß, Paul: ‚Mediale' Psychotherapie und depressive Krise, in: Psyche, Jg. 35, Heft 10, 1981, S. 963–971.

Kurtz, John W.: Johann Friedrich Oberlin. Sein Leben und Wirken, Metzingen 1982.

Lunkenheimer, Thomas: Gustav Werner und das Modell einer christlichen Fabrik, in: Strohm, Theodor und Thierfelder, Jörg (Hg.): Diakonie im deutschen Kaiserreich (1871–1918), Heidelberg 1995, S. 184–203.

Maier, Gerald: Zwischen Kanzel und Webstuhl. Johann Georg Freihofer (1806–1877). Leben und Wirken eines württembergischen Pfarrers im Spannungsfeld von Staat, Kirche und Gesellschaft, Leinfelden-Echterdingen 1997.

Mann, Bernhard: Kleine Geschichte des Königreichs Württemberg 1806–1918, Leinfelden- Echterdingen 2006.

Maybach, Wilhelm: Daten und Erinnerungen aus meiner Jugend, Ms. masch. vom 18. Januar 1822 (Archiv der BruderhausDiakonie).

Merkh, Lotte: Vater Werner. Bilder aus seinem Leben und Wirken, Reutlingen 1909.

Merkh, Nane: Einige Züge aus der Geschichte des Bruderhauses, geschildert aus der Erinnerung, Reutlingen 1881.

Niemann, Harry: Wilhelm Maybach. König der Konstrukteure, Stuttgart 1997².

Prenk, Anton: Die Kirchen vor der Herausforderung der Sozialen Frage. Eine vergleichende Studie zur Entwicklung der christlich-sozialen Bewegungen in der 2. Hälfte des 19. Jahrhunderts (Diss. masch.), Hagen 2003.

Pytlik, Anna/Kopf, Hartmut: Bildung – Investition – Zukunft. 150 Jahre Wilhelm Maybach im Bruderhaus, Reutlingen 2006.

Rathke, Kurt: Wilhelm Maybach. Anbruch eines neuen Zeitalters, Friedrichshafen 1953.

Rosenberg, Alfons: J. Fr. Oberlin. Die Bleibstätten der Toten, Bietigheim 1974.

Rückert, Markus: Diakonie und Ökonomie: Verantwortung, Finanzierung, Wirtschaftlichkeit, Gütersloh 1990.

Rürup, Reinhard: Deutschland im 19. Jahrhundert: 1815–1871, Göttingen 1984.

Schäfer, Gerhard: Die evangelische Kirche in Württemberg und die Revolution 1948/49, in: Brecht, Martin u. a. (Hg.), Pietismus und Neuzeit. Ein Jahrbuch zur Geschichte des neueren Protestantismus, Bd. 4, Göttingen 1980, S. 39–65.

Schäfer, Gerhard K. (Hrsg.): Dem Reich Gottes Bahn brechen. Gustav Werner (1809–1887). Briefe – Predigten – Schriften in Auswahl, Stuttgart u. a. 1999.

Schäfer, Gerhard K.: Gustav Werners Vision einer sozialen Reformation. Vortrag anläßlich der Präsentation der Gustav-Werner-Ausgabe am 20. Mai 1999 im Evangelischen Stift in Tübingen, (Manuskript im Archiv der BruderhausDiakonie in Reutlingen).

Schäffle, Albert: Ein Stück verunglückter Organisation der Arbeit in Schwaben, in: Zeitschrift für die gesamte Staatswissenschaft 22, 1866, S. 539–545.

Schiebe, Magnus: Bewahren und Bewegen. Beobachtet am Lebensbild Gustav Werners und seines Bruderhauses, Reutlingen 1973.

Schildberger, Friedrich: Gottlieb Daimler, in: Diesel, Eugen u. a. (Hg.), Vom Motor zum Auto. Fünf Männer und ihr Werk, Stuttgart 1968[3], S. 95–146.

Schindler, Hermann: Die Reutlinger Wirtschaft von der Mitte des 19. Jahrhunderts bis zum Beginn des Ersten Weltkrieges, Tübingen 1969.

Schmidt, Frieder: Von der Mühle zur Fabrik. Die Geschichte der Papierherstellung in der württembergischen und badischen Frühindustrialisierung, Ubstadt-Weiher 1994.

Shanahan, William O.: Der deutsche Protestantismus vor der sozialen Frage. 1815–1871, München 1962.

Storz, Bernd: Reutlingen. Die Engel der Geschichte, Erfurt 2003.

Thoma, Hermann: Die wirtschaftliche Entwicklung der Stadt Reutlingen 1803–1914, Reutlingen 1929.

Weller, Arnold: Sozialgeschichte Südwestdeutschland unter besonderer Berücksichtigung der sozialen und karitativen Arbeit vom späten Mittelalter bis zur Gegenwart, Stuttgart 1979.

Werner, Gustav: Reden aus dem Wort. Eine Predigtsammlung von Gustav Werner, Tübingen/Leipzig 1839.

Werner, Gustav: Das Mutterhaus Gotteshilfe in Reutlingen und seine Zweiganstalten. Dessen Bestimmung und nunmehriger Bestand, Stuttgart 1862.

Werner, Gustav: Nachgeschriebene Vorträge, II. Teil , Reutlingen 1888.

Werner, Gustav: 64 Predigten auf alle Sonn- und Feiertage, Reutlingen 1909.

Werner, Heinrich: Drei Tage im Hause Gustav Werners, des Reisepredigers, Ulm 1843.

Wurster, Paul: Gustav Werners Leben und Wirken, Reutlingen 1888.

Zweigle, Hartmut: Artikel ‚Werner', in: RGG[4], Tübingen 2005, Sp. 1465.

Zwink, Eberhard: Gustav Werner und Johann Gottlieb Mittnacht, Eine Auseinandersetzung um die von Emanuel Swedenborg gelehrte Kirche, in: Blätter für Württembergische Kirchengeschichte 88, 1988; S. 402–427.

Zwink, Eberhard: Gustav Werner und die Neue Kirche. Die Auseinandersetzung mit dem Swedenborgianer Johann Gottlieb Mittnacht, Stuttgart/Reutlingen 1989.

2 Archivalien

2.1 Archiv der BruderhausDiakonie Reutlingen

Friedensbote. Eine Zeitschrift für das Reich Gottes, Reutlingen 1851–1853.

Ölblatt. Verkehr des Mutterhauses mit den Seinen, Reutlingen Juli 1853.

Sendbrief, Reutlingen 1853–1876.

Friedensblätter aus dem Bruderhause, Reutlingen 1884–1900.

Friedensbote, Reutlingen 1901–1936.

Das Bruderhaus/ Bruderhaus-Journal, Stuttgart 1949–2004.

Fenchel, Sophie: Tagebuch 1861–1862 (transkribiert).

Das Erntefest in der Zweiganstalt Fluorn, den 16. Oktober 1875, Reutlingen o. J.

Transkribierte Briefe an unterschiedliche Empfänger (Sammlung Krauß)

Rechenschaftsberichte des Aufsichtsrates der Gustav Werner Stiftung zum Bruderhaus, Reutlingen 1883/1884 ff.

2.2 Archiv der Württembergischen Evangelischen Landeskirche Stuttgart- Möhringen

Personalakte: Gustav Albert Werner, Bestand A 27, Nr. 3535, Ordner I–III.

2.3 Archiv des Evangelischen Stifts Tübingen

Kasten I, Schuber 33, Fach 16, 2/3
Kasten VIII, Schuber 309, Fach 45.

2.4 Archiv der Landesbibliothek Stuttgart

Verhandlungen der Württembergischen Kammer der Abgeordneten. Stuttgart, Donnerstag den 10. August 1865. Vormittags 9 Uhr. 192. Sitzung. Unter dem Vorsitze des Präsidenten, Obertribunalraths v. Weber, in: Kammerberichte, S. 4641–4559.

Bildnachweis

Archiv der Gustav Werner Stiftung im Bruderhaus:
S. 15, 17, 47, 53, 70, 115, 137, 173, 177, 181
Archiv der Daimler Benz AG:
S. 126, 129 und 132
Heimatmuseum Reutlingen:
S. 112
MTU Friedrichshafen GmbH:
S. 147
Staatsgalerie Stuttgart:
87
Stelzer:
161

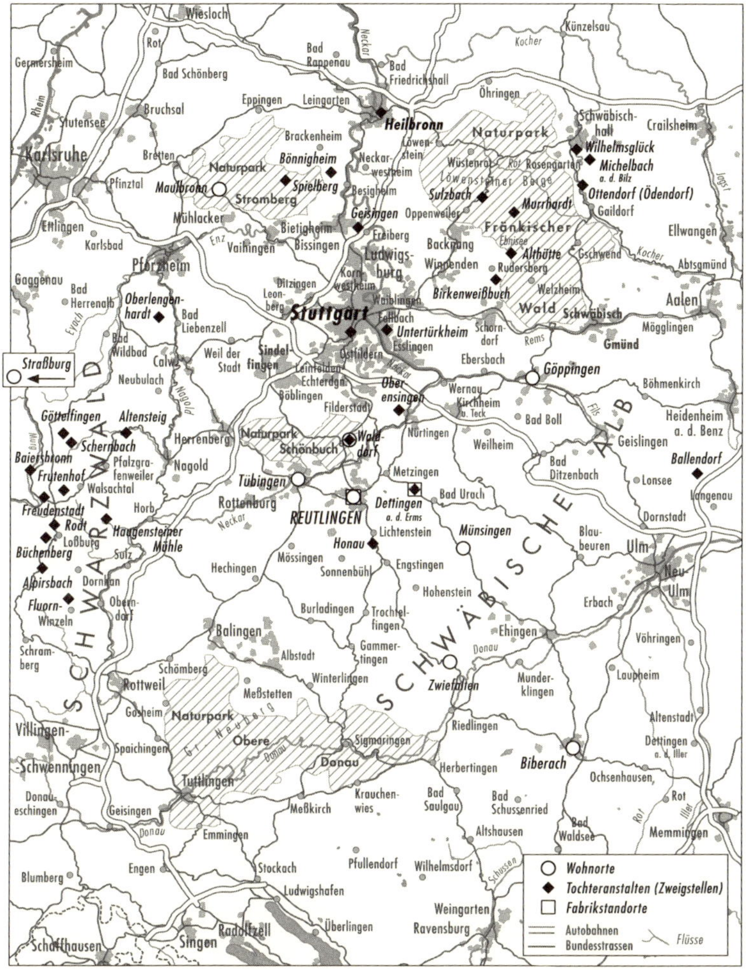
Wiesloch
Germersheim
Rot
Bad Schönberg
Bad Rappenau
Bad Friedrichshall
Künzelsau
Kocher
Neckar
Rhein
Stutensee
Bruchsal
Eppingen
Leingarten
Öhringen
Heilbronn
Schwäbisch-hall
Crailsheim
Karlsruhe
Bretten
Brackenheim
Naturpark
Löwenstein
Wilhelmsglück
Michelbach a. d. Bilz
Bönnigheim
Neckar-westheim
Wüstenrot
Rosengarten
Jagst
Pfinztal
Maulbronn
Naturpark
Spielberg
Stromberg
Besigheim
Löwensteiner Berge
Sulzbach
Ottendorf (Ödendorf)
Murrhardt
Gaildorf
Mühlacker
Geisingen
Oppenweiler
Fränkischer
Ettlingen
Bietigheim-Bissingen
Freiberg
Backnang
Ebnisee
Ellwangen
Karlsbad
Enz
Vaihingen
Ludwigs-burg
Althütte
Gschwend
Winnenden
Abtsgmünd
Pforzheim
Rudersberg
Gaggenau
Bad Herrenalb
Ditzingen
Korn-westheim
Welzheim
Aalen
Oberlengen-hardt
Leon-berg
Birkenweißbuch
Wald
Schwäbisch
Waiblingen
Eyach
Bad Liebenzell
Stuttgart
Fellbach
Untertürkheim
Schorn-dorf
Mögglingen
Bad Wildbad
Esslingen
Rems
Gmünd
Calw
Weil der Stadt
Sindel-fingen
Ostfildern
Ebersbach
Straßburg
Leinfelden-Echterdingen
Göppingen
Neubulach
Böblingen
Ober-ensingen
Wernau
Böhmenkirch
Nagold
Filderstadt
Kirchheim u. Teck
Fils
Heidenheim a. d. Benz
Göttelfingen
Altensteig
Bad Boll
Naturpark
Schönbuch
Wald-dorf
Nürtingen
Herrenberg
Weilheim
Geislingen
Schernbach
Baiersbronn
Pfalzgra-fenweiler
Nagold
Bad Ditzenbach
Ballendorf
Frutenhof
Metzingen
Walsachtal
Tübingen
Lonsee
Bad Urach
Langenau
Rottenburg
Dettingen a. d. Erms
Freudenstadt
Horb
REUTLINGEN
Neckar
Dornstadt
Rodt
Haugensteiner Mühle
Lichtenstein
Münsingen
Loßburg
Blau-beuren
Büchenberg
Sulz
Honau
Ulm
Hechingen
Mössingen
Engstingen
Sonnenbühl
Neu-Ulm
Alpirsbach
Dornhan
Hohenstein
Fluorn-Winzeln
Obern-dorf
Burladingen
Trochtel-fingen
Erbach
Balingen
Ehingen
Gammer-tingen
Schram-berg
Albstadt
Donau
Vöhringen
Schömberg
Zwiefalten
Laupheim
Rottweil
Winterlingen
Munder-klingen
Meßstetten
Gr. Heuberg
Gosheim
Naturpark
Altenstadt
Villingen-Schwenningen
Riedlingen
Obere
Sigmaringen
Dettingen a. d. Iller
Spaichingen
Donau
Herbertingen
Biberach
Tuttlingen
Krauchen-wies
Ochsenhausen
Bad Saulgau
Bad Schussenried
Rot
Donau-eschingen
Meßkirch
Iller
Geisingen
Donau
Emmingen
Altshausen
Bad Waldsee
Memmingen
Pfullendorf
Wilhelmsdorf
Schussen
Blumberg
Engen
Stockach
Ludwigshafen
Weingarten
Ravensburg
Radolfzell
Überlingen
Singen
Schaffhausen
Wohnorte
Tochteranstalten (Zweigstellen)
Fabrikstandorte
Autobahnen
Bundesstrassen
Flüsse